Verena Kast

Zuversicht

Das Buch

Bedrohungen sind heute allgegenwärtig und fordern den Menschen stets aufs Neue heraus. Verena Kast hält diesen Herausforderungen eine Haltung entgegen, die die Kraft besitzt, das eigene Leben zu verändern: Zuversicht. Denn diese hält lebendig, macht kreativ und lässt in vielen schwierigen Situationen neue Wege entdecken. Sie zu entwickeln ist das Gegenmittel bei Resignation und Ängsten, unter denen viele Menschen heute leiden. Die Autorin macht an zahlreichen Beispielen anschaulich deutlich, wie wichtig Zuversicht ist und wie diese gelingen kann: In ganz unterschiedlichen Lebenssituationen lohnt es sich, aufzubrechen und sich ins Gelingen zu verlieben.

Die Autorin

Verena Kast, Psychotherapeutin, Dozentin, Lehranalytikerin am C. G.-Jung-Institut Zürich, Professorin und Vorsitzende der Internationalen Gesellschaft für Tiefenpsychologie. Autorin zahlreicher Bücher.

Verena Kast

Zuversicht

Wege aus der Resignation

HERDER

FREIBURG · BASEL · WIEN

Herder spektrum – Band 6481

MIX
Papier aus verantwor-
tungsvollen Quellen
FSC® C106847
FSC
www.fsc.org

Titel der vollständig überarbeiteten Originalausgabe: Verena Kast:
Aufbrechen und Vertrauen finden. Die kreative Kraft der Hoffnung.
© 2001 by Verlag Herder GmbH, Freiburg im Breisgau

© Verlag Herder GmbH, Freiburg im Breisgau 2012

Umschlagkonzeption: Agentur R·M·E Roland Eschlbeck
Umschlaggestaltung: Verlag Herder
Umschlagmotiv: © Tinvo – photocase.com
Foto der Autorin: © Palma Fiacco

Satz: Barbara Herrmann, Freiburg
Herstellung: fgb · freiburger graphische betriebe
www.fgb.de

Printed in Germany

ISBN 978-3-451-06481-4

Inhalt

Vorwort

Bedrohungen sind heutzutage allgegenwärtig. Mir geht es in diesem Bändchen – eine bearbeitete Neufassung von »Aufbrechen und Vertrauen finden. Die kreative Kraft der Hoffnung« – aber vor allem darum, dass wir Menschen von Bedrohungen nicht einfach vernichtet werden, sondern dass wir auch Gegenkräfte in uns haben. So gehört die Hoffnung gleichermaßen zu unseren Emotionen, wie die Angst – und beide helfen uns, uns zu orientieren.

Beziehen wir uns auf die Emotion der Hoffnung, und auch die Emotion der Freude, als der kleineren Schwester der Hoffnung, können wir den Herausforderungen zuversichtlicher begegnen, werden wir weniger in Gefahr sein, zu resignieren.

Verena Kast

Einleitung

>»Denn bei allen Lebendigen ist das was man
wünscht, nämlich Hoffnung ...
So gehe hin und ess dein Brot mit Freuden,
trink deinen Wein mit gutem Mut ...
(Salomo 9.4)

Menschen brechen immer wieder auf – die einen aus
Freude am immer wieder möglichen Neuanfang, andere
aus Not, weil ihnen nichts anderes übrig bleibt. Aber
immer steht dahinter die Idee, getragen von Hoffnung,
Vertrauen, dass es doch irgendwie »etwas Besseres«
geben müsste, dass etwas Befriedigenderes zu erreichen
ist. Ist diese Zuversicht eine Illusion oder das Geheimnis
eines gelingenden Lebens?

Zuversicht, Hoffnungen, Erwartungen, Sehnsüchte, Vertrauen verbinden uns der Zukunft, lassen uns diese erstre-
benswerter oder weniger erstrebenswert erscheinen. Wir
stellen uns das zukünftige Leben und zukünftige Ziele
vor. In unseren Phantasien, ob wir uns dessen bewusst
sind oder nicht, befassen wir uns mit unserer Zukunft,
mit unseren Zielen und Plänen. Wir sind uns innerlich
immer auch schon voraus und entwerfen unser Leben auf
die Zukunft hin. Diese Phantasien können eher Phantasien
der Angst sein: Befürchtungsphantasien, die zeigen, was

uns alles ängstigt. Es können aber auch schöpferische Phantasien sein: Phantasien, die mehr von Hoffnung geprägt sind und uns als Menschen zeigen, die mit großer Zuversicht die Zukunft angehen und sie auch gestalten wollen. In den hoffnungsvollen Phantasien wird eine Liebe zur Zukunft, ein freudiges Aufbrechen in die Zukunft erlebbar. Hoffnung ist aber auch eine Emotion, die gerade auch in Krisen erlebbar ist – im Erleben einer neuerwachten Liebe zum Leben –, und sie hilft, auch leidhafte Erfahrungen konstruktiv zu verarbeiten.

Der immer wieder mögliche Neuanfang im Leben ist symbolisiert im Mythologem von der Geburt des göttlichen Kindes, wie es etwa Jesus ist. Wie wird ein solches archetypisches Geschehen, eine Erfahrung, die alle Menschen mehr oder weniger ausgeprägt machen, im Alltag erlebt, welche Wirkungen hat es auf die Fähigkeit, das Leben zuversichtlich schöpferisch zu gestalten und nicht in der Resignation zu verharren, in eine Haltung, in der alles aussichtslos erscheint, mit eigenen Mitteln nicht zu beeinflussen, in der unsere Kraft zur Selbstwirksamkeit zu versiegen droht, wir unsere Gefühle dämpfen müssen, wir uns sozusagen auf Sparflamme zurück ziehen, und dabei immer weniger lebendig werden.

Hoffnungen und Erwartungen stehen in einem inneren Zusammenhang mit dem Vertrauen: Vertrauen zu sich selbst, zu anderen Menschen, aber auch zum Dasein als Ganzem. Hoffnungen, Erwartungen, Vertrauen gehören zum menschlichen Leben, man kann sich auf sie verlassen – und man muss sich auch auf sie verlassen. Sind diese Emotionen leitend, können wir das Leben immer wieder mit neuer Zuversicht angehen. Zuversicht ist eine Stimmung und eine Haltung dem Leben gegenüber, die auf Hoffnung und Vertrauen basiert. Verlieren wir den Kontakt zu diesen Emotionen, werden wir angesichts von Schwierigkeiten und der letzlich immer ungewissen Zukunft resignieren. Man kann sich auch aktiv dafür einsetzen, dass man mehr mit diesen Dimensionen der Hoffnung und des Vertrauens in Kontakt kommt, nicht zuletzt dadurch, dass man die Hemmnisse aus dem Weg räumt, die immer wieder auch gegen die Hoffnung und die Zuversicht stehen. Das Leben wird so als ein Raum gesehen, in dem man sich verwirklichen kann, Sinn und Bedeutung erleben kann. Eigentlich geht es um die lebendige Liebe zur Zukunft, die wir aber nur aufbringen, wenn wir uns auch getragen fühlen.

Wieder aufbrechen

> Und jedem Anfang wohnt ein Zauber inne,
> der uns beschützt und der uns hilft, zu leben.
> *(Hermann Hesse, Stufen)*

Die Kollegin, die mit ihren mehr als fünfzig Jahren nach Afrika auswandert, eine neue Verpflichtung übernimmt, sagt mit strahlenden Augen: »Eine neue Herausforderung, gerade das brauche ich, noch einmal neu anfangen!« – Und die Schwierigkeiten? – »Natürlich, jede Menge, aber wo hätte ich die nicht? Und die Schwierigkeiten, die ich an meinem neuen Wirkungskreis haben werde, die passen mir besser als die, die ich hier habe.«

Ein Paar, das sich durch heftige Auseinandersetzungen wieder angenähert und sich entschlossen hat, sich doch noch einmal aufeinander einzulassen, einander wieder zu vertrauen, sagt etwas weniger enthusiastisch, aber entschlossen: Es ist noch einmal ein Anfang.

Ein Mann, nach einer schweren Operation, die besser verlaufen ist als erwartet werden konnte: »Das Leben ist mir noch einmal geschenkt. Ich kann noch einmal neu anfangen. Jetzt weiß ich besser, was wichtig ist im Leben.«

Eine neue Liebe wird erlebt, nachdem eine alte Liebe in Enttäuschung geendet hat: »Ich hätte nie gedacht, dass dieses Erleben noch einmal möglich wäre. Und in dieser ganz neuen Weise! Ich habe mich doch schon oft verliebt – und dennoch ist es wieder ganz neu und ganz aufregend. An das Scheitern denke ich im Moment nicht. Natürlich weiß ich um Gleichgültigwerden, um Verletzungen. Theoretisch. Aber jetzt erlebe ich einen Neuanfang, einen Aufbruch.«

Was lässt diese Menschen den Anfang, den Aufbruch so freudvoll erleben? Sie alle wissen aus eigener qualvoller Erfahrung um das Scheitern, sie wissen darum, dass ihr Vorhaben auch bedroht sein kann – aber dieses Wissen ist »theoretisch«, steht nicht im Vordergrund des Erlebens – und es wird eher verdrängt. Im aktuellen Erleben ist es der Zauber des Anfangs, ist es die Begeisterung für das Neue, das Gefühl des Gepacktseins von etwas, das viel Befriedigung verspricht. Es ist offenbar das Gefühl, dass dem eigenen Leben eine neue Richtung, ein neuer Inhalt, eine neue Sinnerfahrung gegeben werden kann. Diesen Menschen, die in so verschiedenen Lebenssituationen stehen, ist gemeinsam, dass die existentielle Erfahrung des immer wieder möglichen Neubeginns im Leben sie fasziniert und sie danach auch zuversichtlich aufbrechen lässt. Möglicherweise schwingt auch Angst und Besorgnis mit, aber die Freude überwiegt, das neue Interesse, das in ihrem Leben entfacht ist, die neue Glut, sie lassen das Gefühl der Angst in den Hintergrund treten. Sie lassen sich herausfordern vom Leben, trauen sich zu, dass durch ihr Aufbrechen neue Seiten in ihnen gefragt, aber auch abrufbar sind.

Ganz sicher weiß man das natürlich nie – aber man kann es doch einmal versuchen.

»Es ist wie Frühling«, sagt ein Mann, der, nachdem seine sehr geliebte Partnerin nach langer Krankheit gestorben war, nach zwei Jahren der Trauer eine neue Partnerin kennen und lieben lernte. Eigentlich, so war er überzeugt, könne er sich nach einer mehr als dreißigjährigen Partnerschaft nicht mehr »an einen anderen Menschen anpassen«. Wie Frühling – was meint er damit? »Da denkt man doch auch, unter dem gefrorenen Boden sei nichts, und dann schießen plötzlich überall die Blumen hervor, da spürt man eine Lebenskraft, eine Lebensfreude, das ist gar nicht aufzuhalten. Natürlich weiß man, dass unter der gefrorenen Erde die Natur geradezu aufs Ausschießen wartet, aber für mich ist es doch immer wieder überraschend, wenn es dann stattfindet. Und das ist bei mir jetzt so ein psychisches Erleben, diese Faszination, dass ich all dieser Gefühle noch fähig bin, dass ich einen Menschen gefunden habe, den ich lieben kann und von dem ich geliebt werde, einfach dieser Zauber des Anfangs.«

Natürlich kann man von außen etwas mäkelnd einwerfen, hier würde eine Lebenssituation auf unangemessene Weise idealisiert. Die vorhandenen Probleme würden ausgeblendet. Diese Kritik mag sogar zutreffen. Und dennoch: Es gelingt Menschen immer wieder, Anfangssituationen in ihrem Zauber und ihrem Versprechen auf eine bessere Zukunft zu erleben. Das ist nicht nur ein Privileg von Jugendlichen. Es ist auch im fortgeschritteneren Alter möglich, trotz des unabweisbaren Wissens um die Abgründe, die sich immer wieder auftun können, die Enttäuschungen, die unumgänglich sind. Diesen Zauber erleben zu können, scheint zum Wesen des Menschen zu gehören, zum Mut, zur Zuversicht, zur Hoffnung, die im Leben der Menschen wirken. Der Zauber des Anfangs, das bedeutet: Man ist noch von keinen Zweifeln angekränkelt – sonst ist es eben kein Zauber – man erlebt eine Situation, in der man ganz hinter einer Sache steht, die Wunderbares verspricht und einen mit Freude erfüllt. Es scheint eine Hoffnung auf, dass dieser Anfang auch hält, was er verspricht, gerade weil man »weiß«, dass das nicht unbedingt der Fall sein wird. Vertrauen darauf, dass das, was sich in diesem Anfang so glückverheißend zeigt, auch Glück bringen wird, gerade auch, weil man weiß, dass es Glück und Unglück sein wird. Und dennoch; man bleibt zuversichtlich und neugierig auf das Kommende bezogen.

Der Zauber des Anfangs macht nicht blind, aber blendet aus.

Das Paar, das mit einem Säugling nach Hause kommt und sagt, jetzt fange das Leben erst recht an: »Das ist aufregend, belebend, wunderbar!« Natürlich wissen sie, dass das Zusammenleben mit einem Säugling nicht nur Freuden birgt, sondern auch viele Opfer verlangt. Aber die zu erwartenden Schwierigkeiten werden ausgeblendet: das, was das Leben mehrt, steht im Zentrum des Erlebens und nicht das, was es hemmen wird. Und angefangen hatte bei beiden das Leben natürlich schon wesentlich früher! Aber es ist eine Veränderung eingetreten, die eine neue Dimension in das gemeinsame Leben bringen wird.

Eine ältere Frau, die »ein Leben lang«, wie sie es ausdrückt »vom Neid zerfressen war«, und jetzt entdeckt, wie anders das Leben sich anfühlt, wenn sie gönnend ist, den anderen und sich selber etwas gönnt. Eine neue Beziehung hat sie zu den anderen Menschen, aber auch zu sich selber. »Da kann ja noch alles Mögliche geschehen« – meint sie, und sie meint damit »Gutes«.

Anfangen, aufbrechen zu neuen Ufern, zu neuen Ideen – etwas Neues in Angriff nehmen, sich herausfordern lassen: natürlich wird das Hemmende auch gesehen, aber es ist gerade dieser Zauber des Anfangs, des Anfangenkönnens, des immer wieder möglichen Neuanfangs, der uns Menschen ergreift und uns hilft, die Ängste, die Bedenken, die mit jedem Anfang auch verknüpft sind, zu überwinden. Wir sind dann hoffnungsvoll und zuversichtlich und fühlen uns beflügelt.

Was ist das, dieser Zauber des Anfangs?

Der Zauber des Anfangs

»Und jedem Anfang wohnt ein Zauber inne.« Dieser Satz kann durchaus zum Widerspruch anregen. Denn nicht Zauber, sondern Angst, ängstliche Erwartung können am Anfang stehen. Auch diese Gefühle können mit einem Aufbruch – auch einem selber gewählten – verbunden sein. Ein Anfang, das bedeutet ebenso eine Begegnung mit dem Neuen, mit dem Unvertrauten, mit dem, was uns noch fremd ist. Daher können sowohl Faszination als auch Angst uns ergreifen.

Faszination, das ist eine Emotion, die uns hinzieht zum Neuen, zum Fremden, die uns geradezu gebannt sein lässt von dem, was sich da am Horizont der Lebensmöglichkeiten auftut. Die Angst rät uns hingegen, lieber nichts zu riskieren, zu Hause zu bleiben und der Faszination nicht nachzugehen. Bloß nichts verändern, nichts riskieren: Das ist die Botschaft der Angst. Ist die Faszination groß genug, dann hat die Angst keine Chance und sie tritt in den Hintergrund. Wenn aber die Angst eines Menschen grundsätzlich und in vieler Hinsicht groß ist, dann wird sich die Faszination gar nicht so richtig durchsetzen können. Der sich ängstigende Mensch fühlt sich dann bedroht und von einer möglichen Gefahr ergriffen. Für ihn bedeutet ein neuer Anfang nicht das Versprechen auf eine neue Zukunft, auf neue intensive Emotionen und Erfahrungen, die eine andere, neue, bessere Lebensqualität verheißen. In ihm dominiert die Angst vor diesem

Neuen, Angst, den Überblick zu verlieren und angesichts von so viel Unvertrautem hilflos zu werden. Die Zukunft erscheint ihm in düsteren Farben. Was wird bloß alles auf ihn einstürzen!?

Solche Befürchtungen können den von der Zukunft faszinierten Menschen durchaus auch überfallen – aber nur kurzfristig. Er rechnet vielleicht sogar mit solchen Unsicherheiten, aber er oder sie vertraut darauf, dass man dann die möglichen Probleme und Schwierigkeiten schon irgendwie lösen kann oder dass sie sich irgendwie auflösen werden. Trotz aller Befürchtungen, das Leben öffnet sich, und das ist allemal aufregend.

An dieser Stelle kommt das Vertrauen ins Spiel – es ist das Schlüsselwort für diese Haltung: Wer mehr Vertrauen hat, hat weniger Angst und kann daher leichter mit Bedrohlichem umgehen. Doch Vertrauen gewinnen wir auch, indem wir eine Kompetenz im Umgang mit Bedrohlichem entwickeln. Und gelegentlich entschließen wir uns auch einfach dazu, zu vertrauen. Da lernen wir etwa einen Menschen kennen, der uns anspricht und fasziniert. Können wir ihm oder ihr vertrauen, dann erfasst uns der Zauber des Anfangs sehr rasch. Können wir nur einen kleinen Vertrauensvorschuss geben und ihm noch nicht wirklich vertrauen, dann lässt auch der Zauber noch auf sich warten.

Der Zauber des Anfangs – und damit die Verheißung auf etwas Erregendes, Anregendes, Faszinierendes, Belebendes – setzt Vertrauen voraus. Dieser Zauber kann sich erst dann einstellen, wenn sich unsere Angst vor dem Neuen und noch Fremden in Grenzen hält oder wenn wir es gewohnt sind, mit unserer Angst umzugehen. Angst erfasst uns dann, wenn wir uns in einer mehrdeutigen komplexen Situation befinden, die wir nicht durchschauen und in der wir uns bedroht und hilflos fühlen. Die Emotion Angst zeigt uns, dass wir von einer Gefahr ergriffen sind und dass wir Abhilfe schaffen müssen. Das kann nun auf verschiedenen Ebenen geschehen.[1] Eine davon ist die Ebene des Vertrauens.

Wie Vertrauen wachsen kann

Anderen Menschen zu vertrauen bedeutet, sich auf andere Menschen zu verlassen und ihnen im positiven Sinne auch etwas zuzutrauen. Und es bedeutet zu akzeptieren, dass wir von anderen Menschen immer auch abhängig sind.

Allein und abhängig: das ist das Problem des Menschen. Abhängig zu sein kann aber erst mit Vertrauen wirklich gewagt werden. Sonst erscheint es einem außerordentlich gefährlich, man fühlt sich ausgeliefert und reagiert darauf mit Angst oder mit Wut.

Säuglinge sind in einer natürlichen Weise abhängig, ihnen bleibt keine andere Wahl als zu vertrauen, sogar dann, wenn die Bezugspersonen nicht vertrauenswürdig sind.

Vom Anfang des Lebens an sind wir abhängig, das Ich und der bedeutungsvolle Andere, von dem ich abhänge, und der von mir abhängt, weitet sich immer mehr aus auf Menschen, denen wir begegnen, und denen wir vertrauen wollen und auch müssen. Wir bringen also eine Haltung des Vertrauens mit.

Unser Vertrauen in andere Menschen und in die Welt reduziert die Ungewissheit, die uns angesichts der Komplexität der Welt erfasst und die uns ängstigt. Wir brauchen dieses Vertrauen, um leben zu können. Wir vertrauen darauf, dass sich die Menschen zum Beispiel im Straßenverkehr vernünftig benehmen. Wir nehmen an, dass jeder und jede – möglichst ohne Beule oder schlimmeres – überleben will. Diese alltäglichen Grundannahmen begründen unser Vertrauen in die anderen Verkehrsteilnehmer, das uns normalerweise gar nicht bewusst ist. Dieses Vertrauen ist durchaus gepaart mit einem gesunden Misstrauen, das immer einmal wieder anspringt. Im Straßenverkehr kennen wir solche Situationen.

Im alltäglichen Zusammenleben gibt es viele Situationen, wo wir einander vertrauen müssen: etwa darauf, dass bestimmte Informationen, die wir brauchen und erfragt haben, richtig sind, denn wir können nicht ständig alles überprüfen. Wollten wir alles überprüfen, kämen wir zu nichts mehr. Wir wollen diese Situation auch gar nicht. In den Lebenssituationen, in denen wir spüren, dass wir nicht einfach vertrauen dürfen, sondern immer wieder kontrollieren müssen, weil uns zum Beispiel wichtige Informationen vorenthalten werden, geraten wir nämlich in Stress. Daher vertrauen wir auch Menschen, die wir noch nicht kennen, von denen wir einfach einmal annehmen können, dass sie vertrauenswürdig, also unseres Vertrauens würdig, sind. So fragen wir uns zum Beispiel kaum, ob wir einem Lokomotivführer vertrauen wollen oder einem Flugkapitän. Wir vertrauen einfach oder wir vertrauen zumindest den Menschen, die diese ausgebildet und für vertrauenswürdig befunden haben.

Vertrauen reduziert auf diese Weise Ungewissheit und Angst.

Sind wir mit Menschen zusammen, denen wir vertrauen können, sind wir mutiger als üblich und reagieren weniger rasch mit Angst. Dieses Phänomen tritt zum Beispiel dann ein, wenn wir uns einem Bergführer anvertrauen. Wir erfahren auch, dass wir zusammen mit einem anderen Menschen beängstigende Situationen leichter ertragen können und eher Strategien finden, die uns helfen, mit der jeweiligen Bedrohung umzugehen. Befinden wir uns in einer ängstigenden Situation, dann suchen wir Menschen auf, denen wir vertrauen können und mit denen wir über unsere Ängste sprechen können. Denn nur schon die Tatsache, mit einer Angst nicht mehr ganz allein zu sein, beruhigt. In einem guten Gespräch, in dem man alle Bedenken benennen kann, ohne Vorwürfe oder vorschnelle Ratschläge zu bekommen, finden wir wieder Zugang zu unserer Kompetenz, mit Problemen allgemein – und auch diesen – umgehen zu können. Und auch die Strategien, die wir entwickeln, prüfen wir, indem wir sie einem vertrauten Menschen mitteilen, ihn fragen, was er davon hält. Wir unterziehen unsere Strategie damit einer Art Realitätsprüfung.

Der Mut zur Angst wird erst und gerade dadurch geweckt, dass wir auf andere Menschen vertrauen können und auch darauf zu vertrauen, dass sie einem in der Not helfen werden. Und gerade weil unsere vertrauten Menschen für uns so wichtig sind für den Umgang mit der Angst, sind Beziehungsängste in diesen vertrauten Beziehungen so schwierig zu bewältigen.[2]

Wer kann vertrauen? Menschen, die sich selber etwas zutrauen, trauen auch anderen etwas zu. Selbstvertrauen und Vertrauen in andere, ins Leben als einer Art von Seinsvertrauen, haben einen inneren Zusammenhang.

In der Lebensgeschichte von Menschen, die zu vertrauen verstehen, findet man immer Beziehungen zu Menschen, denen sie vertrauen konnten. Das weckt in dem kleinen Kind, das ja einfach darauf vertrauen muss, dass die Beziehungspersonen hinreichend verlässlich sind, die

Überzeugung, dass man auch anderen vertrauen kann. Das Vertrauen, das sich zwischen den Beziehungspersonen und dem Kind entwickelt hat, wird auch auf andere Menschen übertragen. Hat man einmal erfahren, dass man vertrauen kann und dass das Vertrauen nicht immer wieder enttäuscht wird, so nimmt man an, dass die Menschen im Allgemeinen vertrauenswürdig sind. Dies weckt dann auch Selbstvertrauen: denn sind die anderen vertrauenswürdig, dann kann man sich auch auf sich selber verlassen. Bei dieser Entstehung des Vertrauens im Kind spielt auch eine Rolle, wie viel Vertrauen die Beziehungspersonen in die Mitmenschen und ins Leben haben. Vertrauensvolle Eltern schaffen auch eine Atmosphäre des Vertrauens um sich. Vertrauen – wie auch das Misstrauen – wird in den Familien nicht so sehr als etwas weitergegeben, das man entwickeln müsste, sondern als etwas, das einfach selbstverständlich vorhanden ist, als ein Raum des Vertrauens.

Wenn wir uns selber etwas zutrauen und um unsere guten Absichten und Motive wissen, aber unsere Schattenseiten[3] kennen, also wissen, was wir auch an Üblem beabsichtigen können, dann trauen wir Ähnliches auch unseren Mitmenschen zu. Wir trauen ihnen ohne weiteres zu, dass auch sie vertrauenswürdig sind, wenn wir uns selber als vertrauenswürdig verstehen. Eigenes vertrauensunwürdiges Verhalten indessen lässt uns erwarten, dass andere Menschen unseres Vertrauens auch nicht würdig sind. Haben wir selber die Tendenz, andere Menschen »über den Tisch zu ziehen«, erwarten wir gleiches und sind wachsam. Das lässt Misstrauen wachsen. Sind wir misstrauisch, dann befürchten wir, in irgendeiner Weise beeinträchtigt zu werden. Wir neigen dann dazu, den Mitmenschen böse Absichten zuzuschreiben und ihnen zu unterstellen, dass sie uns aggressiv bedrohen. Misstrauen gibt der Welt ein ganz bedrohliches Gesicht. Die Angst vor den Mitmenschen wird schließlich immer größer, allenfalls wird sie mit Wut und Aggression abgewehrt. In dieser vom Misstrauen geprägten Welt fühlen wir uns immer ungeborgener. Und die Mitmenschen werden als destruktiv angesehen, auch wenn sie es nicht sind. Denn die Aggression, die wir immer brauchen, um unser Leben zu gestalten, um aktiv etwas in Angriff zu nehmen, um für uns selber einzustehen[4], wird meistens in diese anderen Menschen projiziert. Das Misstrauen vergiftet dann auch Beziehungen. In einer misstrauischen Atmosphäre wird man sich ständig fragen, was man denn von sich selber preisgibt. Man schließt sich ab, wird isoliert und geizig. Zu vertrauen erscheint viel zu riskant.

Wenn Menschen vertrauen, dann macht das in der Tat auch verletzlich. Denn Vertrauen kann missbraucht werden und man kann verraten werden. Dann sind wir enttäuscht, verletzt, wütend, werden ängstlich. Wir fragen uns: Auf wen können wir uns noch verlassen? Doch trotz solcher Irrtümer, Vertrauensbrüche, Verrat: Wir vertrauen immer wieder, bemühen uns darum, zu vertrauen und vertrauenswürdig zu sein.

Man schafft Vertrauen, entschließt sich sogar dort zu Vertrauen, wo zu misstrauen durchaus auch vernünftig wäre. Entweder entschließt man sich dann zum Vertrauen, weil etwa gar keine andere Wahl besteht. Oder aber man wagt das Vertrauen, riskiert es, auch wenn man es nicht unbedingt tun müsste, weil man lieber in einer Welt lebt, in der man vertraut. Und weil man das Vertrauen mehren möchte.

Gelegentlich muss man sich tatsächlich zum Vertrauen

entschließen, weil man gar keine andere Wahl hat: Zum Beispiel dann, wenn der Arzt eine Behandlung vorschlägt, von der man selbst nicht weiß, ob sie hilfreich sein wird und der gegenüber man eigentlich höchst misstrauisch ist. Natürlich wird man sich in diesem Fall noch die Meinung eines anderen Arztes einholen – aber irgendwann wird man vertrauen. Und dieses Vertrauen ist ein Vertrauen in den Arzt als Person; er ist für uns vertrauenswürdig, man vertraut darauf, dass er nichts wissentlich vorschlagen würde, was schadet. Indem man sich auf ihn verlässt, verlässt man sich darauf, dass er unser Wohl im Auge hat. Dieses Vertrauen auf Vorschuss ist einfacher zu leisten, wenn man eine tragfähige Beziehung mit diesem Arzt, mit dieser Ärztin hat; wenn man bereits in Krisensituationen erfahren hat, dass man sich auf diesen Menschen verlassen kann.

Jedem Anfang wohnt ein Zauber inne, wenn wir vertrauen können. Aber auch das Umgekehrte gilt: Mit der Erfahrung, dass wir immer wieder neu anfangen können, wächst das Vertrauen in das Leben. Mit einem Neubeginn machen wir deutlich: Das Leben kann immer noch, trotz aller Fehlschläge, zu einem guten Leben, zu einem gelingenden Leben werden. Es ist nicht ein für allemal verwirkt! Zwar gibt es den Irrtum, den Verrat, die Enttäuschung. Kein Mensch kann immer vertrauenswürdig sein – und dennoch: Man kann sich zum Vertrauen entscheiden, man kann sich auch zum Misstrauen entscheiden. Zu vertrauen bedeutet natürlich nicht, vertrauensselig sein, sondern man wird überprüfen, wem man das Vertrauen schenkt. Menschen, die in ihrem Vertrauen sehr wenig enttäuscht worden sind, haben die Neigung, sich vertrauensvoll, gelegentlich auch etwas zu vertrauensvoll der Welt und den Mitmenschen zu nähern. Das führt im Laufe der Zeit zu Enttäuschungen, aus denen auch diese Menschen letztlich lernen. Doch diese Wechselwirkung trifft nicht immer zu. Denn Menschen, die sich mit einer großen Selbstverständlichkeit vertrauensvoll zeigen, auch wo möglicherweise Misstrauen angebracht wäre, können damit gelegentlich bewirken, dass sich die anderen tatsächlich vertrauenswürdig benehmen. Denn alle Menschen wollen lieber in einem Beziehungsnetz leben, in dem man einander vertraut. Dadurch fühlt man sich beheimatet, geborgen, kann offen sein und offen auf andere Menschen zugehen.

Vertrauen entsteht, wenn die Mitmenschen spüren, dass man die eigenen Gefühle, Absichten und Motive offen legt und dies umgekehrt auch von anderen erwartet. Auf diese Weise wird eine richtige Begegnung möglich. Und aus dem gegenseitigen Vertrauen können sich gegebenenfalls auch gemeinsame Problemlösungsstrategien entwickeln, denn wenn wir einander vertrauen, dann tauschen wir auch Ideen aus, und daraus können wieder neue, wichtige Ideen werden. Das ist wichtig für Entwicklungen im Zusammenleben der Menschen, es ist auch Fundament für einen Optimismus: Menschen miteinander können Lösungen finden für anstehende Probleme, die der Einzelne oder die Einzelne nicht finden kann. Dieser Austausch ist aber nur möglich auf einer vertrauensvollen Beziehungsbasis.

Dennoch: Es gibt Menschen, denen es offenbar leichter fällt, anderen zu vertrauen. Wir haben es schon erwähnt: Der Schlüssel dazu liegt in der Kindheit, der Entwicklung des Urvertrauens im Kind. Eine Umgebung, die haltend und stützend ist und dem Kind vermittelt, dass es darauf vertrauen kann, dass andere Menschen im Notfall zur Stelle sind und helfen, fördert Urvertrauen. Ist ein Kind mehrheitlich mit freundlichen Augen angesehen worden, wird es lernen, auch sich selber und auch andere Menschen zunächst mit freundlichen und nicht mit misstrauischen Augen anzusehen.

Dabei sind sowohl die freundlichen Augen wichtig, als auch das Angesehenwerden. Wahrgenommen werden, als ein Mensch, der eine Bereicherung sein kann. Menschen, die selber vertrauensvoll sind und sichere Bindungen ermöglichen, Menschen, die Freude erleben und andere daran teilhaben lassen können, schaffen Urvertrauen. Und sie bewirken, dass Menschen in ihrer Umgebung eher hoffnungsvoll als niedergeschlagen sind.

Urvertrauen entwickelt sich in Beziehungen. Aber es braucht auch einen Raum, den »Mutterraum«. Das ist ein Lebensraum, in dem Mütterliches geschieht und erfahrbar wird. In diesen Raum gehören auch Tiere, Pflanzen, die Umgebung. Der Mutterraum wird auf jeden Fall sehr leicht auf den Lebensraum als solchen übertragen, mir scheint aber, dass auch die Umwelt mit dem Kind interagiert, dass der ursprünglich positive Mutterkomplex auch aus der Interaktion mit der Natur und mit Dingen mitbeeinflusst wird. Zu diesem Mutterraum gehören ebenfalls mehrere Menschen sowie die Atmosphäre, in der man aufwächst, gehören der Vater, die Geschwister, die Großeltern oder einfach Menschen, die mitleben.

Vertrauen wir, dann erleben wir die Welt in ihrem Wohlwollen, in ihrer Gunst, in ihrer Fülle. Erwarten das Bessere und nicht das Bedrohliche, Feindselige, können deshalb auch offen sein, die Dinge auf uns zukommen lassen, zuversichtlich sein. Vertrauen ist von der Hoffnung unterlegt – Misstrauen von der Angst. Wenn wir vertrauen, müssen wir nicht ständig alles kontrollieren.

In der Hoffnung drückt sich das Vertrauen zum Dasein auch in der Zukunft aus.

Doch wir müssen eine wesentliche Unterscheidung machen. Hoffnung ist zum einen eine Grundemotion, eine Hintergrundsemotion des Lebendigen. So lange wir leben, sind wir auch von Hoffnung getragen. Wir erleben aber auch eine alltäglichere Hoffnung, die uns zugänglicher ist, uns mehr beschäftigt und die uns auch abhanden kommen kann. Diese kann auch einmal der Hoffnungslosigkeit, der Resignation weichen. Dann schauen wir nicht mehr zuversichtlich in die Zukunft, sondern besorgt – und dennoch leben wir weiter und hoffen untergründig, dass es so schlimm doch nicht sein möge und dass Hoffnung eines Tages wieder möglich wird.

Auch gibt es Menschen, von denen man den Eindruck hat, sie seien mehr von Hoffnung getragen als andere, sie blicken vertrauensvoller in die Zukunft. Und andere, die die Hoffnung verloren zu haben scheinen, schöpfen plötzlich wieder Hoffnung – so wie man Wasser schöpfen kann.

Eine Frau, deren 6-jähriges Kind seit zwei Tagen verschwunden war, war natürlich verzweifelt. Sie beteiligte sich an der Suche, kam auf immer wieder neue Ideen, wo das Kind sein könnte, und brachte dadurch eine große Unruhe in die Familie und in den Suchprozess. Erschöpft sank sie schließlich in einen Stuhl, schlief ein paar Minuten, wachte auf und sagte ihrem Partner: »Jetzt schöpfe ich plötzlich wieder Hoffnung.« Im Nachhinein beschrieb sie diesen Augenblick als etwas ganz Entscheidendes. »Ich wusste, was auch geschieht, es wird wieder gut.« Und das Kind wurde tatsächlich gefunden. Entscheidend – und auch völlig überraschend war für die Frau der Umschlagspunkt von der Verzweiflung in die Hoffnung, als sie wieder »Hoffnung schöpfte«, ohne dass schon ein äußerer Anlass dazu vorhanden gewesen wäre.

Ein wichtiger Umschlagspunkt im Erleben wird markiert, wenn wir wieder Hoffnung schöpfen: Zunächst ist die Zuversicht verschwunden, man ist bang, das Leben engt sich ein, Angst ergreift einen, man ist verzweifelt, vielleicht will man auch schon aufgeben, reagiert resigniert, und dann zeigt sich unvermittelt eine Öffnung, die mit der Ahnung verbunden ist, es könnte doch gut gehen. »Ein heller Streif zeigt sich am Horizont«, sagen die einen, um diese Veränderung zu beschreiben, »es beginnt zu tagen« die anderen. Die Krise, das Dunkel ist vorüber, ein Zeichen dafür, dass ein Tiefpunkt der existentiellen Erfahrung vorbei ist.

Doch woher kommt die Hoffnung? Dass wir wiederum Hoffnung »schöpfen«, lässt darauf schließen, dass es irgendwo eine Quelle gibt, eine Fülle, an der wir Anteil haben können und die sich eher einstellt, als wir uns ihrer aktiv bedienen könnten. Auf dem Tiefpunkt der Krise – so weiß man – wenn die Angst so sehr überhand zu nehmen droht, und alle Zuversicht geschwunden ist, bricht plötzlich Hoffnung auf, wird Hoffnung erfahrbar.

Hoffnung als erlebte Hoffnung ist ein Gefühl, das eng mit der Krise verbunden ist. Dieses Geschehen ist vergleichbar mit einem schöpferischen Prozess, in dem plötzlich eine Idee das qualvolle Suchen beendet, ein Einfall uns sofort mit neuer Hoffnung und neuer Energie erfüllt, wird nach der Qual der Krise Hoffnung und damit neue Energie, neue Zuversicht erlebbar.

Das emotionale Feld der Hoffnung

Die Hoffnung tröstet und sie beflügelt. Wir hoffen immer wieder auf das Bessere, und beziehen uns damit auf eine Dimension in der Zukunft, die sich noch nicht abzeichnet. Wir hoffen immer wieder darauf, dass sich vieles bessert: das Wetter, die politische Weltlage, die Gesundheit eines kranken Menschen, die kriselnde Beziehung, wir hoffen auf glückliche Umstände, vielleicht auf etwas ganz und gar Unerhörtes, Wunderbares. Und wenn wir hoffen, eine Aufgabe zu lösen, dann gehen wir an sie heran, als ob sie auch zu lösen wäre. Wir nehmen das gute Ende im Beginn bereits vorweg.

Die Hoffnung ist auf die Zukunft ausgerichtet, auf das Gelingen, auf das Bessere und auf Glückhaftes hin. Haben wir »alle Hoffnung aufgegeben«, dann glauben wir nicht mehr an dieses Gelingen. Und doch können wir nicht alle Hoffnung aufgeben: Wir geben sie jeweils nur in einem bestimmten Bereich auf. Dann hoffen wir nicht mehr darauf, dass sich eine bestimmte Beziehung verbessert und ziehen daraus die Konsequenzen. Und auch hier wird Zukunftsgerichtetes deutlich. Denn wir wollen damit frei werden für eine andere Beziehung, die etwas Besseres verspricht. Wir nehmen das, was jetzt ist, als Realität, die sich nicht mehr verändern wird, wenn wir sie nicht aktiv verändern. Hoffnung kann uns helfen, Beziehungen, alles, was ist im Leben, als vorläufig zu sehen. Vorläufig in dem Sinne, dass im Leben eine Entwicklungstendenz auf das

33

Bessere hin vorhanden ist. So stehen wir hoffend im Leben, geben wir uns, den Mitmenschen, der Welt immer noch und immer wieder eine Chance.

Und so reagiert auch ein Kranker, wenn er unterstützt wird, sei es durch Ruhe, durch ein Medikament, eine Operation. Er wird dadurch von störenden Einflüssen befreit – und kann sich dann wieder selber regulieren. Es geht dem Menschen wieder besser. Besser heißt hier, er kann leben und muss nicht sterben.

Sogar schwerkranke Menschen sagen noch von ihrer Situation: Irgendwann muss es doch besser werden. Oder: Es ist besser geworden, nicht meine Krankheit, die hat sich vielleicht sogar verschlimmert, aber ich kann besser damit umgehen. Oder angesichts des Todes: Es wird dennoch besser werden, es muss doch besser werden. Der Tod ist besser als das, was jetzt ist.

Hoffnung

Es reden und träumen die Menschen viel
Von besseren künftigen Tagen,
Nach einem glücklichen goldenen Ziel
Sieht man sie rennen und jagen
Die Welt wird alt und wird wieder jung,
Doch der Mensch hofft immer Verbesserung.

Die Hoffnung führt ihn ins Leben ein,
    Sie umflattert den fröhlichen Knaben,
Den Jüngling locket ihr Zauberschein,
    Sie wird mit dem Greis nicht begraben,
Denn beschließt er am Grabe den müden Lauf,
Noch am Grabe pflanzt er – die Hoffnung auf.

Es ist kein leerer schmeichelnder Wahn,
  Erzeugt im Gehirne der Toren,
Im Herzen kündet es laut sich an:
  Zu was Besserem sind wir geboren!
Und was die innere Stimme spricht,
Das täuscht die hoffende Seele nicht.
(Friedrich Schiller)

Woher kommt eigentlich diese Hoffnung auf das Bessere hin? Dieses Verhalten oder Sich-Beziehen auf das Bessere scheint eine archetypische Konstante zu sein, einfach zum menschlichen Leben zu gehören, wie das auch Schiller in seinem Gedicht ausdrückt. Wie man sich dazu stellt, scheint gar nicht so wichtig zu sein. Es ist einfach so. Von der Geburt bis zum Tod hoffen wir auf das Bessere. Dieses Hoffen ist ein wichtiger Aspekt unseres Menschseins. Wir wissen um unsere Zerbrechlichkeit, wir wissen um Tod und Scheitern – und dennoch: Die immer wieder mögliche Hoffnung auf das Bessere ist unsere existentielle Basis. Wir erwarten für unser Leben ein Zusammenwirken von günstigen Umständen. Diese mögen wir gelegentlich auch in die Sterne projizieren. Wir erwarten ein Zusammenwirken von Kräften, die sich letztlich gut für uns und unser Leben oder auch für die Welt als Ganze auswirken. Und wir sind auch bereit, unseren Teil dazu zu tun. Wir vertrauen darauf, dass letztlich aus dem Leben doch etwas Rechtes wird und können danach handeln. Wir vertrauen aber auch darauf, dass es das Schicksal trotz aller Schicksalsschläge doch gut mit uns meint.

In einer posttraditionalen Gesellschaft wie der unseren bezieht sich Hoffnung nicht wie in früheren Zeiten einfach auf »Gott« oder etwa auf einen Lohn in einem Jenseits.

Dennoch bezieht sie sich auf ein Schicksal, das es erlaubt, das, was im Leben angelegt ist, auch gut zu leben, zu verwirklichen, was uns wichtig ist und damit ein sinnvolles Leben zu führen. Die Hoffnung bezieht sich auf alle Aspekte der Persönlichkeit: darauf, dass sie sich immer wieder neu entwickeln und entfalten kann in Beziehung zu anderen Menschen und zur Natur. Sie bezieht sich darauf, in die Zukunft hinein gestalten zu können. In ihr drückt sich der Drang nach Entwicklung und handelnder Entfaltung aus. Die Hoffnung beflügelt uns, bewirkt, dass wir handeln, gestalten und Ideen verwirklichen wollen.

Wenn wir hoffen, so denken, fühlen und handeln wir, als ob das, was jeweils ansteht, zu bewältigen ist und zu einem guten Ende führen wird. Auf diesem emotionalen Untergrund leben und handeln wir. Die Hoffnung lässt uns nämlich tätig werden.

Hoffnung wurde und wird verstanden als die Emotion, die uns einem Licht zuwenden lässt, das noch nicht sichtbar ist.[5] Hoffnung als positiver Erwartungsaffekt, aus dem Vertrauen auf eine Wendung in der Zukunft, die uns noch nicht sichtbar ist, die uns aber als glückhaft erscheint[6], Hoffnung, die uns erlaubt, das Un-Mögliche zu denken und zu erwarten anstelle des Gewohnten, die uns dazu bringt, entschieden nein zu sagen zu einem aktuellen Zustand, weil wir einen besseren Zustand phantasieren können.[7]

Die Hoffnung gehört damit zu den so genannten »gehobenen« Gefühlen: es geht um das emotionale Feld von Freude, Inspiration, Hoffnung.[8]

Wenn wir uns auf die Zukunft beziehen, gibt es also nicht nur die Angst, sondern auch die Hoffnung. Unser

Leben ist von der Hoffnung sozusagen unterlegt. Es ist sehr schwierig zu sagen, was Hoffnung wirklich ist: Erst wenn sie uns so ganz und gar abhanden zu kommen droht, dann spüren wir, dass doch immer noch etwas trägt, wir immer noch eine vorstellungslose Hoffnung auf eine Verbesserung haben, Vertrauen, dass sich etwas verändern wird zum Besseren hin wider besseres Wissen. Dabei ist es bei vielen Menschen nicht mehr wie früher die Jenseitshoffnung, die trägt, sondern eine fast unmerkliche existentielle Grundgestimmtheit.

Hoffen kann auch heißen, sich vertrauensvoll dem zu überlassen, was die Zukunft bringen mag. Hier wird ein tragendes Vertrauen ins Sein deutlich: Irgendwie wird die Zukunft auf eine gute Weise zu bewältigen sein. Die Hoffnung ist das Fundament für das Vertrauen: trotz aller Abhängigkeit, die wir nicht kontrollieren können, sind wir zuversichtlich. Hoffnung wird deshalb auch als Begleitemotion des Lebenstriebes gesehen, des Bedürfnisses, sich das Leben zu erhalten und sich immer zu entwickeln – bis man stirbt. Damasio, der Neurowissenschaftler, schreibt: »Wäre es denkbar, dass unser sehr menschlicher, bewusster Wunsch zu leben und unser Wille, die Oberhand zu behalten, als Summe des unbewussten Willens aller Zellen in unserem Körper ihren Anfang nahmen, als kollektive Stimme, die sich zu einem Lied der Bestärkung, der Bestätigung erhob?«[9] Diese Sichtweise könnte erklären, weshalb Menschen insgeheim immer auch hoffen.

Von philosophischer Seite wurde immer wieder betont[10], dass der Mensch gar nicht ohne Hoffnung sein könne, dass Hoffnung wirklich die oft nicht wahrgenommene

Begleitemotion des Lebendigseins sei. Und man hat sogar darauf hingewiesen, dass auch Suizidanten, die ja in der Regel verzweifelt sind, dennoch auf eine Besserung ihres Zustandes hoffen.[11] Hoffnung ist so ein Stimulans im Leben, ein Stimulans, »mehr als jedes Glück«, wie Nietzsche sagte.

Optimismus und Pessimismus

Hoffnung ist mehr als Optimismus. Und sie ist eine gute Grundlage für den Optimismus. Optimisten sehen in den verschiedenen Lebenssituationen jeweils das Beste, das Optimum. Sie haben eine Lebensgrundstimmung, die bereit ist anzunehmen, was kommt. Sie sehen das, was ist, im besten Lichte und gehen einfach davon aus, dass man damit schon irgendwie gut umgehen kann. Ein solcher Optimismus muss nicht blind sein, nicht einem Denken verpflichtet, das sich eh schon in den besten aller Welten wähnt. Optimismus kann durchaus sehend sein: im Bewusstsein der Übel, sehend, was Menschen, absichtlich und unabsichtlich, einander antun, wissend, wie schwer das Zusammenleben der Völker und mit anderen Menschen ist. Optimisten haben die Grundüberzeugung, das Beste aus diesem einen Leben – ein anderes haben wir ja nicht – machen zu wollen und zu können. Sie sind zuversichtlich, das für sie jeweils Bestmögliche verwirklichen zu können. Die Haltung erwächst nicht aus Naivität, sondern aus einer Stärke heraus, aus einem Vertrauen in sich und in die Mitmenschen, in die Kompetenz der Menschen, auch als Gemeinschaft, immer wieder etwas miteinander lösen zu können und auch lösen zu wollen.

Der Optimismus gründet auf Vertrauen ins Dasein und in sich selbst.

Gelegentlich wird allerdings auch eine Haltung »optimistisch« genannt, die alle Schwierigkeiten des Daseins einebnet – mit einem distanten, etwas gleichgültigen Blick auf das Geschehen etwa sagt, dass alle Probleme in irgendeiner Weise schon immer wieder gelöst worden oder einfach in den Hintergrund getreten sind. Diese Wahrnehmung stimmt, sie bewirkt aber, dass wir in der jeweiligen Situation, in der ein Problem uns bewegt, uns bestimmt, emotional nicht anwesend sind, es gibt dann keinen wirklichen Standpunkt, kein Engagement, wir bringen uns in der aktuellen Situation, in der es darum geht, dass wir uns einbringen, mit allem, was uns ausmacht, gerade nicht ein. Das ist jedoch keine optimistische Haltung, sondern distante Gleichgültigkeit, die passiv und nicht stimulierend aktiv wirkt.

Auch der Pessimismus richtet sich auf die Zukunft:

In einer pessimistischen Haltung erwarten wir das Schlimmste, setzen uns mit dem Schlimmen, das zu erwarten ist, auseinander. Wir sind dann weniger enttäuschbar, als wir es in einer optimistischen Haltung sind. Man überlegt sich etwa, was das Schlimmste sein könnte, mit dem man zu rechnen hat, sucht für den Umgang damit eine Strategie und kann dann das Leben auf sich zukommen lassen. Jetzt ist allenfalls auch Gelassenheit möglich, die auch Aktivität mit einschließt.

Dann gibt es aber auch die pessimistische Haltung, die das Schlimme sieht, auch den Ausdruck dessen, dass sowieso »alles nicht geht« geradezu sucht und dies als Legitimation nimmt, sich nicht engagieren zu müssen, weder im eigenen Leben noch im Leben der Gemeinschaft. Dann wird der Pessimismus zu einer Form der Resignation. Auch wenn diese pessimistische Haltung wortreich begründet wird, ist nicht eigentlich das Umgehen damit gemeint; es handelt sich eher um eine Form der Destruktivität: man lässt alles scheitern, zu Grunde gehen, und hofft, dass man Recht bekommt.

Martin Seligmann[12] hat herausgefunden, dass Optimisten die Ursache für gute Erfahrungen und für Erfolge sich selber zuschreiben, unangenehme Ereignisse indessen als vorübergehend und als von außen kommend einstufen. Deshalb sagen sie auch in schwierigen Zeiten: »Es wird alles wieder gut.« Pessimisten sehen die Gründe für das Scheitern eher bei sich selbst, haben zudem eine Tendenz, schwierige Erfahrungen zu generalisieren, sie sind überzeugt davon, dass sich das Schlimme immer wieder wiederholen wird – immer wieder wird es sich so ereignen. Sie geben den Befürchtungsphantasien einen großen Raum, reden den Krisen das Wort.

Reden wir aber den vielen möglichen Krisen das Wort, den vielen möglichen Ängsten, dann sind wir in den Gedankengängen, den Erlebnisformen der Befürchtung gefangen. Wir haben dann noch weniger Vertrauen in uns selber und in die Zukunft. Der Pessimismus lähmt uns, macht uns zu Opfern. Pessimisten projizieren die Gegenwart vergrößert in die Zukunft – es wird alles nur schlechter, nicht besser. Optimisten dagegen sehen schwierige Situationen als singulär. Jetzt gerade war es nicht gut, aber das muss nicht so bleiben.

Matt Ridley[13], ein »radikaler Optimist«, wehrt sich gegen die »Berufspessimisten«. Er sieht die zurückliegende Geschichte des Homo Sapiens, etwa 45 000 Jahre, als eine Erfolgsgeschichte. Wie haben sich die Menschen in dieser Zeit verändert – im Gegensatz zu den Tieren. Und er schließt daraus, dass es damit zusammen hängen muss, dass Menschen miteinander sprechen, miteinander Ideen verknüpfen können. Er setzt auf den kulturellen Austausch, auf die kollektive Intelligenz: Zehn Menschen, das sind zehn gute Fähigkeiten, die verknüpft werden können. Und: wer sagt denn, dass die Pessimisten mehr Recht haben als die Optimisten? Die Argumente der Optimisten sind genauso gut oder schlecht wie die der Pessimisten. Niemand kennt die Zukunft. Ridley plädiert dafür, es zu wagen, ein Optimist, eine Optimistin zu sein.

Hoffnung VI

Das erinnerte Heim
im Vergangenen

Dein gebrochenes Jetzt
hinkt
in die Hoffnung

vielleicht wieder
ein menschlicher bewohnbarer
Raum
(Rose Ausländer)[14]

Die Aussage dieses Gedichtes, das hier als Motto voran-
gestellt ist, wird durch viele Lebenserfahrungen bestätigt.

Ein Mann, 42, hat eine Firma gegründet und kurz danach
bereits viele Aufträge. Sein Angebot ist geschätzt und auch
gefragt. Er hat sich bei der Firmengründung aber auch
verschuldet. Das fand er zunächst normal und nicht weiter
beunruhigend. Dann wurde bei ihm eine Krebserkrankung
diagnostiziert. Das stürzte ihn in tiefe Verzweiflung: Seine
bisher so gelungen scheinende Lebensplanung erschien
ihm jetzt als Falle. Er sah keinen Ausweg. Er war überzeugt, keine Zukunft mehr zu haben bzw. nur noch eine

qualvolle. Er wusste nicht, wie er sein Leben jetzt gestalten sollte. Er fürchtete, seiner Familie nur noch eine Last zu sein. Wut und Angst verbanden sich in seinem intensiven Klagen. Wie sollte es weitergehen, wenn es doch nicht mehr weitergeht?

Sein tiefer Schock über den möglichen Verlust seines Lebens verband sich mit der großen Sorge, wie er denn seine Familie und sich erhalten könne, aber auch über den möglichen Verlust einer Lebensplanung, die ihm so sehr sinnvoll erschien. Nichts ging mehr – und anstelle von Hoffnung war Verzweiflung.

Diese Verzweiflung, die oft am Tiefpunkt von Krisen anzutreffen ist oder auch am Höhepunkt von Krisen, ist ein vitaler Ausdruck – und unterscheidet sich grundsätzlich von der Hoffnungslosigkeit. In der Verzweiflung ist existentiell die Abwesenheit der Hoffnung beklagt – doch sie ist gleichzeitig auch eingefordert. Wird die Verzweiflung erst einmal emotional zugelassen, keimt nicht selten eine neue Hoffnung. Zunächst ist sie noch ein zartes Pflänzchen, dann wird sie immer stärker erlebbar und verlässlicher. Der grundlegende Umschwung in der Stimmung, die wieder Mut zum Leben gibt, ist meistens nicht durch etwas Großartiges verursacht. Oft ist nämlich gar nicht auszumachen, was den Umschwung bewirkte, er wird aber fast immer an einer bestimmten Erfahrung mit einem anderen Menschen festgemacht.

So traf der krebskranke Mann in der Klinik einen Leidensgenossen in einer ähnlichen Situation, der ihm glaubhaft vermittelte, dass es auch mit der Krankheit noch eine Zukunft gebe und dass diese Krankheit nicht einfach bedeute, dass man auch sterbe. Es sei eine zusätzliche Herausforderung: trotzdem zu leben, wirklich zu leben –

und zwar mit der Krankheit. Durch dieses Gespräch – so berichtete der Kranke – habe sich seine Verzweiflung in ein wenig Zuversicht gewandelt.

Die Veränderung zeigte sich darin, dass er Phantasien entwickelte, wie sein Leben weitergehen könnte. Wie er zum Beispiel seine Firma so aufbauen könnte, dass deren Fortbestand nicht nur von ihm allein abhängen würde. Er überlegte sich, wie er seine Beziehungen in der Familie und zu Freunden verändern wollte. Er ging nun – anders als vor seiner Erkrankung – davon aus, dass ihm nicht mehr alle Zeit der Welt für sein Leben blieb. Er wurde auf neue Weise kreativ. Die Hoffnung, Leben gestalten zu können, war wiederum erlebbar. Und er stellte fest, dass es nicht so wichtig ist, wie viel Zeit einem Mensch im Leben bleibt, sondern dass man mit dieser verbleibenden Zeit etwas anfangen kann, dass sie immer noch viele Möglichkeiten, die als sinnvoll erlebt werden, enthält. »Irgendwie bin ich jetzt plötzlich noch einmal viel präsenter in meinem Leben, ich bin auf die Welt gekommen«, sagte er.

An die Hoffnung

O Hoffnung! Holde! Gütiggeschäftige!
Die du das Haus der Trauernden nicht verschmähst,
Und gerne dienend, edle! Zwischen
Sterblichen waltest und Himmelsmächten.
(Friedrich Hölderlin)

Eine 36-jährige Frau hatte ihren Partner bei einem Bergunfall verloren, bei dem sie selber knapp dem Tod entronnen war. Sie selber hatte dabei verschiedene Knochenbrüche erlitten und verbrachte lange Zeit im Krankenhaus.

Nach einer Phase der dumpfen Trauer erfasste sie eine große Verzweiflung. Sie wollte nicht mehr leben. Was sollte sie so allein auf dieser Welt? Ihr Genesungsprozess, der zuvor gut vorangeschritten war, stagnierte.

Wozu sollte sie trauern? Sich noch mehr anstrengen? Sterben wollte sie.

Ein Kind von etwa drei Jahren brüllte vor dem Fenster ihres Krankenzimmers. Es war offenbar kaum zu beruhigen, irgendwie tönte das Gebrüll aber vital – fand die Patientin.

»Da fiel mir plötzlich ein, dass ich ja noch ein ganzes Leben vor mir habe, dass ich ja auch noch ein Kind haben kann, dass ich es viel besser habe als mein Partner im Grab.«

Ab diesem Zeitpunkt wurde es für sie möglich, in einen Trauerprozess einzutreten, durch den sie sich von ihrem verstorbenen Partner ablöste und sich wieder neu auch auf sich und ihr zukünftiges Leben beziehen konnte, mit eigenen Plänen, mit eigenen Sehnsüchten. Nicht nur Zuversicht war wieder zu spüren, die durchaus auch immer einmal wieder der Verzweiflung wich, sondern auch Dankbarkeit für das noch einmal geschenkte Leben.

Wenn wir verzweifelt sind, erleben wir einen Einbruch des Schicksals in unser Leben, für den wir uns nicht verantwortlich fühlen. Stirbt ein mit uns sehr verbundener Mensch, dann stößt uns dieser Tod zu, wir fühlen uns zwar nicht persönlich dafür verantwortlich, aber wir müssen damit leben. Vielleicht leiden wir sogar unter Schuldgefühlen, weil wir überlebt haben, und der andere mit uns verbundene Mensch gestorben ist. Die Verzweiflung ist eine Erschütterung. Sie erschüttert einen Menschen in den Grundfesten, in den Selbstverständlichkeiten, in den Aktivitäten und Plänen, in denen man sich für das weitere Leben eingerichtet hatte. Sie kann den Menschen, ähnlich wie eine große Angst, die in der großen Verzweiflung mitenthalten ist, vor die Frage stellen, was er oder sie denn wirklich ist: Was trägt, wenn scheinbar nichts mehr trägt? Was ist zentral wichtig, was ist im Leben noch zu verwirklichen und zu erleben? Aus der drohenden Vernichtung kann dann eine existentielle Neugeburt werden. Die Hoffnung zeigt sich gerade existentiell dort, wo wir leidvolle, schwierige Situationen durchgestanden haben und schließlich konstruktiv mit ihnen umgehen konnten.

Die passiven und aktiven Seiten der Hoffnung

Bertolt Brecht erzählt in seinen »Geschichten von Herrn Keuner« die Szene, dass Herr K. bei seinem Weg durch ein Tal plötzlich bemerkt, dass seine Füße im Wasser stehen, dass der vermeintliche Fluss ein Meeresarm ist und nun die Flut kommt. Herr K. bleibt stehen und hofft auf ein Boot.

»Als aber kein Kahn in Sicht kam, gab er diese Hoffnung auf und hoffte, dass das Wasser nicht mehr steigen möchte. Erst als ihm das Wasser bis ans Kinn ging, gab er auch diese Hoffnung auf und schwamm. Er hatte erkannt, dass er selber ein Kahn war.«[15]

In dieser Geschichte von »Herrn Keuner und die Flut« wird deutlich:

Wenn wir nur passiv auf etwas warten, hoffen, dass irgendetwas Wunderbares geschieht, »hoffen«, dass sich die Probleme von selber lösen, so ist das keine Hoffnung, schon eher Hoffnungslosigkeit oder eine Verfallsform der Hoffnung, wie sie von den französischen Existentialisten (Camus, Sartre) angeprangert wurde: Hoffnung als billige Flucht vor dem Jetzt und Hier in eine illusionäre Zukunft. Man hofft auf etwas, darauf, dass menschliche Situationen von selber sich verändern, sich verbessern, statt dass man sich tatkräftig für eine Veränderung einsetzt. Diese Art von Hoffnung ist aber eigentlich eher Trägheit, gepaart mit illusionärer Erwartung. In ihr wird das handelnde tätige Leben, das Gestalten des eigenen

Lebens vernachlässigt, und nur das zählt für die französischen Existentialisten. Was im Leben zählt, so Sartre, ist der absolute Einsatz. Man kann nicht darauf hoffen, dass man irgendwann für irgendetwas belohnt wird, der Einsatz selbst muss dem Leben einen Sinn geben.[16] Besonders deutlich wird das von Camus ausgedrückt in seiner Schrift »Der Mythos des Sisyphos«, 1942 herausgekommen, geschrieben angesichts der deutschen Besatzung in Frankreich, in einer Situation, in der aktives Handeln gefordert war, wie etwa in der Résistance. In diesem Zusammenhang steht sein prägnanter Satz: »Das typische Ausweichen, das tödliche Ausweichen ... das ist die Hoffnung«[17]. Menschen, die vor allem für eine große Idee oder für ein anderes Leben leben, das über das jetzige Leben hinausreicht, begehen für ihn Verrat am Leben. Man muss dieses Leben leben.[18] Keine Hoffnung auf ein Jenseits, sondern die Gestaltung des Diesseits ist Pflicht des Menschen. Aber geht das wirklich ohne Hoffnung? Und ist Hoffnung wirklich immer schon eine Jenseitshoffnung? Ich bin diesbezüglich anderer Auffassung.[19] Camus kämpft nämlich gegen die Verfallsform der Hoffnung: Wir sollen uns nicht auf irgendeine nebulöse Hoffnung beziehen, sondern wach die Probleme sehen und sie dementsprechend angehen. Er wendet sich auch dagegen, dass jemand anderer uns in unserem Leben vertritt: So lässt er den Sisyphos sagen, sein Stein sei seine Sache, sein Schicksal und sein Kampf gegen die Vergeblichkeit seien seine eigene Sache, in die sich niemand einmischen solle. Er engagiert sich: Und gerade das macht seine Würde aus. Aber könnte man sich dermaßen radikal auflehnen, wenn man wirklich ohne Hoffnung wäre?

Die französischen Existentialisten wandten sich offensichtlich auch nicht wirklich gegen die Hoffnung, sondern sie richteten sich gegen die Erwartung. Denn indem die Menschen alle Erwartungen auf einen Lohn im Jenseits opfern, kommt gerade die Hoffnung in ihrem Leben zum Tragen: Sie machen dennoch weiter, sie leben, sie tun, sie übernehmen Verantwortung. Sie hoffen dennoch auf das Bessere: jetzt und hier.

Immer wieder wird in der Literatur diese doppelte Sicht der Hoffnung thematisiert: Hoffnung als Faulbett oder Hoffnung als ein Gefühl der Grundgeborgenheit im Dasein, das zum Dasein selbst gehört und so etwas wie Lebensmut und Vertrauen ins Leben gibt.

»Das Leben aller Menschen ist von Tagträumen durchzogen, darin ist ein Teil lediglich schale, auch entnervende Flucht, auch Beute für Betrüger, aber ein anderer Teil reizt auf, lässt mit dem schlecht Vorhandenen sich nicht abfinden. Dieser andere Teil hat das Hoffen im Kern, und er ist lehrbar.«[20] So Ernst Bloch. Er sieht die Hoffnung in der Phantasie, in der Imagination am Werk. In der Imagination, in unseren gestalteten Vorstellungen holen wir die Zukunft in die Gegenwart, entwerfen uns auf eine noch unbekannte Zukunft hin. Und die Phantasie kann »entnervende Flucht« oder Rohmaterial für eine bessere Lebenssituation sein, Kern für eine neue Wahrheit, eine neue Wirklichkeit, für neue Erwartungen.

Beruhigt und befriedigt uns eine Phantasie, dann handelt es sich höchstwahrscheinlich um Flucht. Wenn sie uns hingegen beunruhigt, regt sie zu Aktivität und – auch inneren – konkreten Veränderungen an. Dann ist sie wirklich zukunftsgerichtet.

Und Bloch ist der Ansicht, dass man aus einem Mangel, aus einer »kundigen Unzufriedenheit« mit dem, was ist, zu diesen Phantasien des Besseren kommt. In den Phantasien, da ist unsere Zukunft, da finden wir, was noch nicht bewusst ist.

»Einmal zog einer aus, das Fürchten zu lernen … Es kommt darauf an, das Hoffen zu lernen.«[21] Das kann man nach Bloch vor allem dann, wenn man ins Gelingen verliebt ist und nicht ins Scheitern.

Für Bloch gibt es eine Form der Hoffnung, die dazu führen könnte, dass sich das Leben wesentlich verbessert. Zu dieser Hoffnung kann man sich entschließen.

Die Stärke dieser Sichtweise, der eine Lebenshaltung entspricht, ist der Entschluss, aktiv an einer besseren Zukunft sich zu engagieren, nicht einfach darauf zu warten, dass andere etwas verbessern, sondern das zu tun, was in den eigenen Kräften liegt.

Es ist eine (Lebens-)Philosophie auch gegen die Wehleidigkeit, gegen das »Verliebtsein ins Scheitern«. An unendlich vielen Beispielen zeigt Bloch auf, wie die Menschen immer wieder in ihrer Vorstellung auf das bessere Leben vorgegriffen haben. Die Schwäche dieser Theorie liegt darin, dass sie einen harten Zugriff auf die Hoffnung fordert. Die Idee, dass sich die Hoffnung klammheimlich solchen strategischen Bemühungen entziehen könnte, scheint Bloch nicht zu haben. Die Idee, dass unbewusste Absichten auch unser bewusstes Handeln durchkreuzen, gibt es in diesem Gedankengebäude nicht. Fazit: Man kann sich zur Hoffnung zwar entschließen, aber man kann sie nicht zwingen.

Allerdings: heute wissen wir, dass wir uns besser fühlen, wenn wir in einer positiven Weise von unserer Situation sprechen, wenn wir positive Ausdrücke dafür brauchen.[22] Natürlich entgehen wir damit den Schwierigkeiten nicht, aber wir sind in einer besseren Stimmung und können so diesen besser begegnen.

Konkrete Erwartungen

Im Alltag brauchen wir die Ausdrücke Hoffnung und Erwartung oft synonym: So hoffen wir etwa auf Schnee. Das ist aber eigentlich eine realistische Erwartung im Dezember.

Die Fähigkeit zur Hoffnung, die eine Begleiterscheinung des Lebendigseins ist, aber mehr oder weniger ausgeprägt sein kann, ist der Unterton der Erwartungen: der mehr hoffnungsvollen Erwartungen oder der ängstlichen Erwartungen.

Was sind Erwartungen?

Solange unser Handeln planmäßig verläuft, wird man kaum diese vorstellungslose Hoffnung erleben. Dann haben wir vielfältige Erwartungen, bildhaft – konkrete Hoffnungen, die ich Erwartungen nenne. Mehr als die Hoffnung beschäftigen uns Menschen die Erwartungen, die mit der Hoffnung verbunden sind. Diese Erwartungen bezeichnen eine konkrete, mehr in die Realität hereingeholte Hoffnung. So erwarten wir etwa, dass wir zu einem festlichen Ereignis eingeladen werden, wir hoffen, dass sich eine beruflich schwierige Situation verändern lässt, dass ein Kind gesund geboren wird, dass die Menschen freundlicher miteinander umgehen, dass wir Wege finden, damit alle Menschen menschenwürdig leben können …

Wir erwarten, und wir können auch sagen: wir hoffen, dass etwas Erwartetes auch eintritt. Ob es auch eintrifft, ist allerdings nie mit Sicherheit auszumachen: denn die Zukunft ist offen. Hoffen wir, dann erwarten wir etwas: Wir sind nie sicher, ob es auch eintrifft, denn dies hängt nicht nur von uns selber ab. Tritt das Erwartete aber nicht ein, sind wir enttäuscht, und diese Enttäuschung kann auch in Resignation münden.

Erwartung und Hoffnung sind Emotionen, die auf die Zukunft hin ausgerichtet sind: die Hoffnung im engeren Sinn als bildloses Vertrauen auf das Bessere hin, als zuversichtliche Erwartung des Besseren; die Erwartung im engeren Sinn ist bestimmter, geprägt von den Wünschen und Sehnsüchten, aber auch den Utopien darüber, was denn das Leben zu einem gelingenden, guten Leben machen soll. Und dann gibt es auch die ängstlichen Erwartungen, die Befürchtungen, die der Hoffnung entgegenstehen. So wird gelegentlich die Erwartung, ist sie mit einer positiven Emotion verbunden als Hoffnung, mit einer negativen Emotion verbunden als Befürchtung verstanden. Die Hoffnung ist aber wesentlich mehr als eine Erwartung, die mit einer positiven Emotion verbunden ist.

Auch die Erwartung ist auf die Zukunft gerichtet. Richtet sich aber die Hoffnung klar auf das Bessere hin aus, so ist die Erwartung in dieser Hinsicht indifferent: Man kann etwas Freudiges erwarten, aber auch etwas Unangenehmes, etwas Unerfreuliches oder etwas, was uns emotional kaum berührt, uns eher gleichgültig lässt.

In der Erwartung kann ein so intensiver Bezug zur Zukunft hergestellt werden, dass die Gegenwart an Wert verliert, ja geradezu lästig werden kann. Das Leben ist dann ausgerichtet auf das erwartete Ziel. Wird man enttäuscht, dann gerät das ganze Leben aus der Ordnung, aus dem Tritt, das Leben hat dann seine strukturierende Mitte verloren. Das kann allerdings auch geschehen, wenn das Erwartete eintritt.

Jahrelang hat ein Maler auf eine Ausstellung hin gearbeitet. Die Erwartung, seine Bilder auszustellen, hat ihn immer wieder neu beflügelt. Endlich kam die Ausstellung zustande. Sie wurde mit Interesse und Wohlwollen aufgenommen. Der Maler aber fühlte sich leer, enttäuscht. Wie soll es nun weitergehen?

Vielleicht mag bei seiner Enttäuschung auch mitbeteiligt gewesen sein, dass die Reaktion der Mitwelt nicht ganz so enthusiastisch war, wie er sie sich vorgestellt hatte. Auf jeden Fall muss er sich wieder auf ein neues Ziel ausrichten.

In der Erwartung warten wir gespannt, in der Hoffnung haben wir einen viel größeren Spielraum. Was wir erwarten, ist bereits als etwas ganz Bestimmtes vorgestellt, man ist fixiert auf das Erwartete, für alles andere ist man nicht mehr offen oder verfügbar. Man kann dann eigentlich auch nicht mehr kreativ sein. In der Hoffnung hingegen ist man offen für das, was die Zukunft an Unerwartetem entgegenbringt, ist viel offener für verschiedene Optionen, Einfälle, Richtungen, die das Leben nehmen kann. In der Erwartung erscheint die Zukunft schon vorgezeichnet. Und ungeduldig erwartet man das Erwartete, dessen Eintreten aber nicht von uns und unserer Aktivität abhängt, von uns also nur bis zu einem gewissen Grad zu beeinflussen ist.

In der Hoffnung und in der Erwartung antizipieren wir eine Zukunft, die das Leben als zu bewältigen und letztlich als ein möglichst gutes zeigen, uns als Persönlichkeiten erlauben, uns als die zu sehen, die eigenwirksam, gelegentlich auch lustvoll, auch mit Unsicherheiten umgehen können.

Wenn Erwartungen einengend wirken

Auch die Erwartungen haben ihre schwierigen Aspekte. Die Erwartung kann nah bei der Hoffnung sein, man stellt sich dabei nur unpräzise vor, was denn eintreten müsste, damit das Leben ein gutes Leben sein könnte. Die Erwartung kann aber auch deutlich umrissen, genau definiert sein: Wir rechnen dann mit etwas und denken vielleicht sogar, wir hätten einen Anspruch darauf. Wir sind konzentriert auf etwas. Gerade die Offenheit, die die Hoffnung charakterisiert – das Leben kann auf uns zukommen –, ist bei der Erwartung zu einer Einengung geworden.

Menschen ohne viel Erwartungen, aber mit Optimismus, lassen entweder die Zukunft auf sich zukommen und ergreifen die günstigen Gelegenheiten beim Schopf – das sind elegante Tänzerinnen und Tänzer, die erkennen, wann eine äußere Gegebenheit und die innere Situation zusammenstimmen und sie einen neuen Weg gehen müssen. Diese Menschen sind getragen von der Zuversicht, dass sie bekommen, was sie brauchen, dass ihnen zustößt, was für sie notwendig ist. Sie müssen das Leben nicht zwingen, sie können den Prozessen folgen und sich im richtigen Moment aktiv einbringen. Das kann auch Ausdruck eines hinreichend positiven Mutterkomplexes sein, bei dem Menschen den Eindruck haben, dass das Leben in seiner ganzen Fülle besonders auch für sie zur Verfügung steht.

Ein Mann um die 40 arbeitete seit seinem Studium in einem technischen Beruf; die ganze Zeit an der gleichen Stelle. Er war an einem »ruhigen, guten Leben« interessiert und plante daher keine Aufstiegskarriere. Es wurde ihm immer wieder von verschiedenen Seiten vorgeworfen, er habe keine Ambitionen. Einige fanden ihn bequem. Er akzeptierte die Aufträge, die auf ihn zukamen und die einmal interessanter und einmal etwas weniger interessant waren.

»Zufällig«, wie er sagte, erfand er etwas, was auf seinem Gebiet eine Sensation war. Er verkaufte seine Erfindung zu einem sehr hohen Preis – und ging keiner »Lohnarbeit« mehr nach. Jetzt hatte er genug Geld, damit auch Zeit – und vielleicht würde ihm ja wieder einmal etwas einfallen.

Menschen ohne große Erwartungen können aber auch Menschen sein, die die Hoffnung auf das Bessere weitgehend aufgegeben haben, die keinen Wunsch mehr ans Leben haben, resigniert sind, nichts verändern und auch nichts verbessern wollen und wahrscheinlich auch können. Sie sind nicht mehr interessiert am Leben.

Ein anderer Mann um die 40 sagte von sich, er habe keinen Wunsch mehr, weder an sich noch an das Leben noch an die Partnerin. Wenn er keinen Wunsch mehr habe, dann sei er auch nicht mehr enttäuschbar. Doch darin irrte er sich. Er richtete sich in einem Beruf ein, der ihn wenig forderte und ihn wenig anregte. Er akzeptierte seine Partnerin wie sie war. Er hatte keine Wünsche an die Beziehung, er nahm, was er bekommen konnte. Seine Partnerin war damit nicht einverstanden und verließ ihn. Sie empfand, dass er wirklich »keinen Wunsch« mehr an sie hatte, ihrer Beziehung also weder Interesse entgegenbrachte noch eine Entwicklungsmöglichkeit zugestand. Dass seine Partnerin ihn mit dieser Begründung verließ, enttäuschte ihn dann doch, zumindest vorübergehend. Er war innerlich ausgewandert. Natürlich hat eine solche Lebenshaltung eine Geschichte: Von ihm hatte man in seiner Kindheit und Jugend erwartet, dass er ein ganz besonderes Kind sein müsse, mit ganz besonderen Leistungen. Er identifizierte sich mit diesen Erwartungen, die er letztlich nicht erfüllen konnte. Was er selber wollte, wusste er nicht. So musste er immer mehr leisten und wurde dabei immer depressiver. Und er erkannte, dass die großen Erwartungen ihm das Leben so schwer gemacht hatten – und beschloss daraufhin, keine Erwartungen mehr zu haben. Er verfiel ins Gegenteil, beschloss »vor sich hinzudämmern« und rechtfertigte seine Lebenshaltung als eine Form des »einfachen Lebens« – es war aber in Wirklichkeit eine Form der Depression.

Menschen mit großen Erwartungen und vielen Befürchtungen, dass nicht eintreffen könnte, was sie erwarten, haben die Tendenz, die Zukunft zu kontrollieren, sie wollen nichts dem Zufall überlassen. Unschwer ist die Angst zu erkennen, dass, würden sie diese Kontrolle aufgeben, sich etwas für sie Ungünstiges ereignen würde. Überhaupt haben sie insgeheim Angst, zu kurz zu kommen, wenn sie nicht selber gut für sich sorgen. Sie wissen auch sehr genau, wie das Leben sein soll. Dadurch wird das

Leben zwar viel planbarer, aber bietet auch weniger Überraschungen – und wenn es sich dann bietet, wird das Überraschende nicht wahrgenommen. Diese Menschen kennzeichnet ein enger, energischer Blick auf das Leben verbunden mit zupackender Kraft. Ein solches Leben ist allerdings mühsam, denn immer wieder muss das Ungeplante, Unverhoffte wenn immer möglich ausgeschlossen werden. Oder es wird gefürchtet, dass etwas geschieht, das dazu führt, dass das Erwartete nicht eintritt. Da ist nicht viel Vertrauen ins Leben: statt vertrauen zu können, muss kontrolliert werden. Damit verbessert sich die Lebenssicherheit aber nur wenig, wenn überhaupt: Leben lässt sich nicht wirklich kontrollieren, es ist immer wieder für Überraschungen gut. Gerade die Überraschungen zeigen uns aber, wie wir mit unseren Erwartungen auf die Zukunft hin eingestellt waren, und die Überraschung zeigt uns, dass unsere Erwartungen durchkreuzt worden sind.

Ein begabter junger Mann hat sich entschlossen, seine Karriere zu planen. Er will »nichts dem Zufall überlassen«, er erwartet, in kurzer Zeit sehr viel zu erreichen und ist auch bereit, sich dafür mehr als zu erwarten wäre einzusetzen. Therapie sucht er auf, weil er sich ausgebrannt fühlt. Er erwartet, dass ihm die Therapie »die Batterien wieder auflade«. Er will ein »Winner« sein, kein »Loser«. Er hat schon immer viel von sich verlangt und auch guten Erfolg damit gehabt. Aber jetzt funktioniert das nicht mehr so richtig. Den Grund sieht er darin, dass er sich einfach nicht mehr zweihundertprozentig einsetzen kann. Es stellt sich heraus, dass er sich zwar eine Wunschkarriere geplant hat, dabei aber vergessen hat zu berücksichtigen, dass diese ja nicht nur von ihm allein abhängt.

Immer mehr verstrickte er sich in Rivalitätskämpfe mit Menschen, die er als seine Konkurrenten oder Konkurrentinnen empfand. Bei Qualifikationsgesprächen wurde ihm zwar ein sehr guter Einsatz attestiert, großer Ehrgeiz, aber wenig intellektuelle Beweglichkeit und wenig soziale Kompetenz. Es wurde zudem bemängelt, dass er nur Weiterbildungen besuchte, von denen er »sicher« war, dass sie karrieredienlich sein würden. Je deutlicher ihm klar wurde, dass dieses Verhalten nicht zum Ziel führte, umso müder wurde er, umso ausgebrannter fühlte er sich. Er fühlte sich betrogen: Jetzt hatte er doch alles so gut geplant, hatte sich so sehr gefordert, die ganze Zeit, und das sollte zu nichts führen? Er musste lernen, dass es auch andere Qualitäten gibt – auch im Arbeitsleben. Er musste seine Form der Selbstausbeutung erkennen und nicht den anderen daran die Schuld zuschieben, Freundlichkeit sich selber gegenüber entwickeln und akzeptieren, dass es im Leben Rhythmen gibt, die zu respektieren sind, dass Arbeit und Erholung ihren Platz haben, zielorientierte und verspielte Interessen gleichermaßen ihr Recht beanspruchen.[23] Natürlich fragt man sich in einem solchen Fall auch, woher diese großen Erwartungen, die sich in einem hohen Anspruch an sich selbst äußerten, kommen. Und es stellte sich heraus, dass er zutiefst überzeugt war, auf dieser Welt eigentlich keine Daseinsberechtigung zu haben, außer er holte sie sich durch eine ganz besondere Leistung. Das hatte er bis jetzt in seinem Leben so gehandhabt, und es hatte auch funktioniert. Und jetzt musste er sein Grundproblem angehen, sich dieses Gefühl der fehlenden Daseinsberechtigung eingestehen, erst dann kann er sich selber auch diese Daseinsberechtigung geben, Anerkennung von anderen Menschen aber auch annehmen.

Um eine ganz andere Erwartung geht es bei einer 34-jährigen Frau. Sie wünscht sich seit acht Jahren ein Kind. Ihr Partner und sie haben schon viele Untersuchungen hinter sich und müssen sich immer wieder entscheiden, welche Methoden nun weiter angewandt werden sollen. Sie ist überzeugt davon, dass ihr die medizinische Wissenschaft zu einem Kind verhelfen muss und auch verhelfen kann. Je mehr enttäuschende Erfahrungen sie macht, umso mehr scheint sie sich an diesem Wunsch geradezu festzukrallen. Sie hat keine anderen Wünsche mehr an das Leben: aber ein Kind muss sie haben, fast um jeden Preis. Vorsichtig wird ihr mitgeteilt, dass ihre so große Erwartung zu einer gewissen Verkrampfung führen könnte, was wiederum auf ihre Möglichkeit der Empfängnis eine hemmende Wirkung haben könnte. Solche und ähnliche Bemerkungen werden von ihr dahingehend verstanden, dass man ihr kein Kind gönnt.

Da hatte ihr Partner einen schweren Autounfall. Sie war sehr besorgt um sein Leben. Der dringende Wunsch, ein Kind zu haben, trat in den Hintergrund. Jetzt musste sowieso ihr Partner zunächst wieder gesund werden. Während seiner Rekonvaleszenz wurde sie schwanger ...

Je weniger ein Leben von der bildlosen Hoffnung getragen ist, umso eher finden wir große, fixierte Erwartungen. Dann soll etwas herbeigezwungen werden. Hoffnung indessen, so Erich Fromm, »gleicht einem kauernden Tiger, der erst losspringt, wenn der Augenblick zum Springen gekommen ist«[24].

Erwartungen an uns selbst,
die Mitmenschen und an die Welt

Wir haben zwar zunächst einmal Erwartungen an unser Leben, aber dieses unsere Leben ist mit dem Leben anderer Menschen verknüpft, und sie finden in einer Welt und in einer Zeitsituation statt, in der Erwartungen mehr oder weniger erfüllbar sind. Und so ist auch die Erwartung, dass sie sich erfüllen, mehr oder weniger realistisch und vernünftig. Unsere Erwartungen befinden sich im Horizont des jeweils Machbaren und reichen noch etwas darüber hinaus. Je mehr Möglichkeiten wir haben, umso mehr steigen die Erwartungen, dass diese auch erfüllt werden; werden sie nicht erfüllt, fühlen sich Menschen eingeschränkter. Das belegen Forschungen: Die Menschen in der Schweiz fühlten sich 1960 eingeschränkter als 1950, obwohl sie mehr Geld, mehr Frieden, mehr Freiheit hatten – die Erwartungen waren offenbar gestiegen, die Erfüllung der Erwartungen aber nicht im gleichen Maße mit.

Erwartungen steigen offenbar, wenn die Möglichkeiten der Erfüllung groß sind. Die Lebensmöglichkeiten, die Möglichkeiten des Machbaren sind heute geradezu riesig groß. Wir leben in einer Multioptionsgesellschaft. Die Schwierigkeit besteht darin zu wissen, was wir denn überhaupt wollen. Es wäre dazu dringend nötig, wieder mehr Introspektion zu entwickeln. Um zu entscheiden, was ich will, was ich fühle, was für mich richtig ist in einer bestimmten Lebenssituation, ohne Vorgabe von Medien, bräuchte es die Fähigkeit zu erkennen, was der eigenen

Person angemessen ist, was man wirklich will. Das heißt, dass wir unsere Emotionen als Gefühle wahrnehmen müssen. Unsere Gefühle geben uns Orientierung. Freuen wir uns, werden wir uns einer Situation zuwenden, haben wir Angst, werden wir uns zunächst abwenden, ärgern wir uns, werden wir uns um unsere Grenzen kümmern.[25] Erst mit dem Wahrnehmen der Gefühle entsteht auch die Fähigkeit, sich in der Fülle von Entscheidungsmöglichkeiten wirklich entscheiden zu können. Treffen wir die persönliche Entscheidung nicht, dann erwartet man, wählt man, was »man« eben will, und das ist das, was alle und niemand wollen. Dieses »man« wird heute vor allem durch die Medien transportiert, und zwar auch durch die elektronischen Medien ungeheuer rasch.

Aber man hat nicht nur immer mehr und neue Erwartungen, sondern man erwartet auch immer mehr, dass diese Erwartungen erfüllt werden. Was steckt hinter diesem Mechanismus? Wir leben in einer posttraditionalen Gesellschaft. Solange es für die Menschen einen bestimmenden Gott gibt, gibt es auch ein Schicksal, das man annehmen muss. Heute gilt aber jeder und jede als seines oder ihres eigenen Glückes Schmied – und um das Glück zu schmieden, hat man Gehilfinnen und Gehilfen. Wenn fast alles machbar ist, dann muss es auch gemacht werden – denn auch das Scheitern ist eigenes Scheitern. Wird es nicht gemacht, dann enthält einem ein Mensch böswillig etwas vor. Also müssen die Erwartungen erfüllt werden, sonst hätte man das Glück verpasst. Nur die erfüllte Erwartung bringt das, was fehlt, macht glücklich, gibt den Eindruck von einem »gelingenden Leben«. Und: Je gefährdeter dieses Leben ist, umso dringlicher werden die Wünsche und die Erwartungen, dass diese Wünsche auch erfüllt werden, dass die erwarteten Ereignisse sich auch in etwa ereignen. Die Ungewissheit, die mit der Zukunft und damit auch mit Hoffnungen und Erwartungen verbunden ist, soll aufgehoben werden, soll planbar werden. Dies wird aber nie gelingen. Es ist besser, sich auf diese Ungewissheit, die ja auch das Unverhoffte im guten wie im schlechten Sinn beinhaltet, einzustellen – mit Vertrauen in die eigenen Kompetenzen, mit Vertrauen in andere Menschen.

Unsere Erwartungen bewegen sich nicht nur im Raum des heute Möglichen, sie wenden sich darüber hinaus an das Subjekt selber oder an die anderen – oder auch an beide.

Erwartungen an uns selbst

Jeder Mensch hat Erwartungen an sich. Mehr oder weniger bewusst haben wir ein Konzept vom »guten Leben«, davon, wie sich unser Leben als ein gelungenes Leben vom Ende her gesehen beurteilen lässt. Dabei geht es nicht nur um Erwartungen an das Leben selber, sondern auch um Erwartungen an uns: Wie sollen wir als Menschen leben? Welche Werte sollen wir verwirklichen? Wie sollen wir uns überhaupt verwirklichen? Welche offenen und welche geheimen Ansprüche stellen wir an uns selbst? Erwarten wir, dass wir der Nachwelt etwas Sichtbares hinterlassen? Dass wir reich werden? Bedeutend? Dass wir einer Gemeinschaft dienen? Wie wollen wir einmal geworden sein?

Diese Erwartungen sind zum einen geprägt durch die Erwartungen, die unsere Beziehungspersonen in uns gesetzt haben, unsere Eltern, Großeltern, Lehrer und Lehrerinnen, Geschwister usw. Später kommen auch unsere Partner und Partnerinnen ins Spiel. Aber auch wir selber entscheiden uns immer wieder außerhalb dieser prägenden Beeinflussungen, wie wir unser Leben gestalten, welche Ziele wir anpeilen wollen. Dabei unterscheiden wir eine Orientierung auf eher kurzfristige Ziele und eine auf langfristige Ziele. Sind unsere Erwartungen zu wenig in Übereinstimmung mit unseren Fähigkeiten, aber auch mit unseren Eigentümlichkeiten als Person, so werden wir in unseren Erwartungen enttäuscht werden. Bei den kurzfristigen Zielen, die wir zu erreichen erwarten, gelingt es uns, unsere Erwartungen immer wieder zu korrigieren, so dass sich unsere Enttäuschung in Grenzen hält. Die Erwartungen werden auf diese Weise der Realität, in der wir leben, angepasst.

Wenn indessen die langfristigen Erwartungen, die uns oft nicht wirklich bewusst sind, die aber, wenn auch nicht deutlich wahrgenommen, als Maßstab im Hintergrund unseres Erlebens sind, nicht erfüllt werden, kann uns das sehr unglücklich und unzufrieden machen, besonders dann, wenn diese mit zunehmendem Alter nicht mehr verwirklicht werden können. Gelingt es dann, diese Erwartungen umzupolen in etwas, das sich noch erreichen lässt, erfüllen kann? Oder halten wir enttäuscht fest? Umpolen können wir diese Erwartungen eher, wenn wir sie uns zugestehen, wenn wir sie wirklich anschauen.

Eine Frau um die 40 mit einer Gesangsausbildung und verschiedenen Engagements entschloss sich, nachdem ihre Kinder geboren waren, Gesangsunterricht zu geben und nicht mehr als Sängerin aufzutreten. Das schien für sie stimmig zu sein. Dennoch wurde sie immer unzufriedener. Als sie in therapeutischen Gesprächen dieser Unzufriedenheit auf den Grund ging, wurde ihr immer mehr bewusst, dass ihre Entscheidung einerseits für sie durchaus stimmig war. Es gab aber in ihrer Psyche und auch in ihren Träumen Stimmen, nicht zuletzt von Sängerinnen in ihrer Herkunftsfamilie, die zum Ausdruck brachten, dass eine Sängerin, die nur noch unterrichtete, bereits abgestiegen sei – und ihr Lebensziel klar verpasst habe. Nun war der Konflikt benannt – und sie konnte sich damit auseinandersetzen, neue Werte für ihr Leben zu finden und zu setzen. Natürlich »wusste« sie, dass man in ihrer Herkunftsfamilie so dachte, aber nicht, dass sie dieses Denken auch verinnerlicht hatte, dass sie diese Erwartungen an sich auch hatte, neben ihrer sicheren Überzeugung, dass sie als Gesangslehrerin viel taugte.

Man kann zu viel von sich verlangen – man kann zu wenig von sich verlangen.

Erwartet man zu viel von sich, hat man zu hohe Ansprüche. Oft korrespondiert diese Haltung mit wenig Vertrauen in das gütige Schicksal und mit wenig Hoffnung, das Leben auch gestalten zu können. In der Folge kann man dann mit einer depressiven Erkrankung reagieren. Erwartet man zu wenig von sich, kann einen der Neid heimsuchen angesichts von Menschen, die mehr aus ihrem Leben machen. Der Neid macht uns deutlich, dass wir vielleicht doch auch ein anderer oder eine andere sein könnten, dass wir vielleicht doch zu wenig aus unserem Leben machen.

Unsere Erwartungen an uns selbst und an unser Leben können und müssen wir nicht allein erfüllen. Wir stehen immer in Beziehungen zu anderen Menschen und zu den Dingen und Situationen, die andere Menschen schon geschaffen haben. Es gibt aber Menschen, die meinen, alle ihre Erwartungen vor allem selber erfüllen zu müssen. Sie können keinen guten Gebrauch von den Mitmenschen machen: Sie haben vermutlich im Laufe ihres Lebens nicht erfahren, dass im Zusammensein mit anderen Menschen mehr möglich ist, als wenn man alles allein macht. Sie haben nur selten erlebt, wie hilfreich gerade in problematischen emotionalen Momenten des Lebens Mitmenschen sein können, die präsent sind, verstehen, innerlich mitgehen und dadurch einen Raum bieten, in dem Emotionen sich verändern können. Da sie andere Menschen nicht als hilfreich erlebt haben, vielleicht sogar als störend, meinen sie, die Kontrolle behalten zu müssen, damit die guten Erwartungen nicht beeinträchtigt werden. Sie verlangen deshalb auch sehr viel von sich und können sehr enttäuscht sein, wenn sich ihre Erwartungen trotz allem nicht erfüllen.

Wieder andere meinen, die andern Menschen, und nicht sie selber, müssten ihnen alle ihre Erwartungen erfüllen. Werden diese nicht erfüllt, dann folgt Enttäuschung, statt Freude und Dankbarkeit gibt es dann Ärger und Verdruss. Schuld an der Enttäuschung sind dann die anderen Menschen. Verloren gegangen ist einmal die Einsicht, dass es keine Garantie im menschlichen Leben dafür gibt, dass Erwartungen erfüllt werden, sonst könnten wir ja die Zukunft kontrollieren; verloren zu gehen droht aber auch das Gefühl der letztlich eigenen Verantwortlichkeit für unsere Erwartungen bzw. für die Erwartungen, die wir als unsere angenommen haben. Denn es gibt Erwartungen, die wir ursprünglich gar nicht hatten, wir sehen aber, meistens vermittelt durch die Medien, dass sie bei anderen Menschen erfüllt worden sind, also machen wir diese Erwartungen auch zu unseren eigenen. Dabei kann zum Beispiel auch der Geschwisterneid eine Rolle spielen: Wer will denn schon hinter den anderen aus derselben Familie zurückstehen? Wir können Erwartungen adoptieren, weil wir in einer Welt voller Möglichkeiten leben. Diese Welt gibt uns Vorgaben, was wir erwarten könnten: Wenn ein Herz transplantiert werden kann, dann erwarten Menschen in der Folge auch, dass sie im Notfall ebenfalls ein »neues Herz« bekommen können. Menschen imitieren einander – das führt zu schnellem Lernen, es führt aber auch dazu, dass alle Erwartungen, die möglich sind, auch übernommen werden.

Dazu gehören nun aber auch Menschen, die bereit sind, anderen ihre Erwartungen zu erfüllen. Wie fühlt man sich als Mensch, der den anderen Menschen immer wieder hilft, ihre Erwartungen zu erfüllen? Zum einen ist das ein sehr positives Lebens- und Selbstgefühl: Man ist in der Lage und fähig, einem anderen Menschen einen zentralen Wunsch verwirklichen zu helfen, eine zentrale Sehnsucht zu erfüllen. Man kann fast so etwas wie Schicksal spielen. Zum andern: Kann die Erwartung nicht erfüllt werden, kommt es bald zu einer Überforderung, einem Gefühl, zu etwas gezwungen zu sein, das man nicht kann oder vielleicht in dieser Situation nicht will; der Erwartungsdruck der andern kann lähmen und unkreativ machen. Man hat stellvertretend zu große Erwartungen übernommen – und diese lähmen. Das ist eines der Probleme bei Menschen in helfenden Berufen.

Zu viele und zu wenige Erwartungen

Das Dilemma mit den Erwartungen kennen die meisten Menschen: Haben Eltern an die Kinder keine Erwartungen, dann haben diese keine Leitlinien, nichts, woran sie sich reiben und ihre eigenen Wünsche dagegen setzen können. Haben die Eltern zu viele Erwartungen und möchte das Kind die Erwartungen erfüllen, um geliebt und respektiert zu werden, dann besteht die Gefahr, dass die Eigenpersönlichkeit des Kindes zugedeckt wird, dass es in der Folge keine eigenen Wünsche mehr kennt, sondern die Wünsche der anderen Menschen erfüllt und sogar die Fähigkeit entwickelt, unausgedrückte Wünsche von anderen Menschen zu erraten, um sie erfüllen zu können.

Die Lösung dieses Dilemmas liegt in einem Raum der Enttäuschung, der Bescheidung und des »Maßgeschneiderten«: Man erfüllt nicht mehr einfach die Wünsche der anderen, sondern auch die eigenen Wünsche, man erwartet aber auch nicht alles, was möglich ist in dieser Welt – denn der Möglichkeiten werden immer mehr –, sondern man muss lernen herauszufinden, was für einen ganz persönlich wirklich ein intensiver Wunsch, eine intensive Sehnsucht ist. Das herauszufinden gelingt meistens, wenn man die eigenen Gefühle in dem Beziehungsgeflecht vom Ich und »Ich und dem/der anderen« in einer Welt voller Möglichkeiten wahrnimmt. Der Umgang mit Enttäuschung, nicht nur mit der Hoffnung, ist also wesentlich.

Denn die Trauer über das nicht Mögliche eröffnet oft neue Lebensmöglichkeiten. Wird akzeptiert, dass etwas, das man sich sehnlichst gewünscht hat, nicht möglich ist, gelingt es, diesen Verlust einer Möglichkeit zu betrauern, eröffnen sich neue Dimensionen. Gelingt es, das Leben wieder neu auf eine Erwartung auszurichten, kann man sich wieder auf eine neue Dimension des Lebens, die sich meistens in neuen Ideen, neuen Interessen zeigt, ausrichten.

Erfüllen sich die Erwartungen, freut man sich, wird noch lebendiger, aktiver und interessierter und das Selbstwertgefühl verbessert sich. Erfüllen sich die Erwartungen nicht, ist man enttäuscht, verliert Interesse und Lebendigkeit und das Selbstwertgefühl ist beeinträchtigt. Irgendwann resigniert man schließlich, man gibt auf. Es geht darum, den durch die drohende oder eingetretene Enttäuschung in Frage gestellten Selbstwert wieder herzustellen. Menschen können nicht leben ohne Hoffnung und Erwartung. Eine zu eng geführte, fixierte Erwartung kann aber die Hoffnung in den Hintergrund drängen, das führt zu einer Engführung des Lebens. Dann ist nur noch wenig Raum für Kreativität im Leben, es gibt nur noch wenig Möglichkeiten, auch andere Optionen wahrzunehmen – das führt notwendigerweise zur Enttäuschung oder gar zur Resignation und zu einer Verschlechterung des Selbstwertgefühls. Nun braucht sich die Resignation nicht über das Leben als Ganzes zu legen, sondern sie legt sich meistens über einzelne Lebensthemen. Und nicht selten wurzelt die Resignation darin, dass wir zu präzis meinen zu wissen, was wir vom Leben wollen, dass wir zu genaue Vorstellungen haben, die wir unbedingt erfüllt haben wollen. Resignation ist der Stillstand. Die Alternative zur

Resignation ist ein Prozess des Trauerns. Dadurch, dass wir etwas für uns Wertvolles verloren geben und die damit verbundenen vielfältigen Gefühle der Trauer[26] wie Gram, Angst, Wut usw., treten wir in einen Trauerprozess, in dem wir uns auf uns selber besinnen. Indem wir uns vergegenwärtigen, worauf wir verzichten müssen, können sich gerade wieder neue Horizonte öffnen, und dann verbessert sich auch wieder unser Selbstwertgefühl.

Resignation und Zuversicht

Sich zu fügen in etwas, das im Moment als unabänderlich erscheint, kann sinnvoll sein. So spart man Energie und kann sich anderen Zielen zuwenden. Das meinen wir aber in der Regel nicht, wenn wir von Resignation sprechen.

Resignierend kapitulieren wir, halten das Ganze für aussichtslos, grundsätzlich, oder weil wir uns nicht kompetent genug fühlen, und ziehen uns zurück. Wir glauben nicht mehr an das Bessere, sondern nur noch an das Schlechtere. Man fügt sich dergestalt in das, was nicht zu ändern ist, und damit wird die Zukunft als »hoffnungslos« erlebt.

Man hat sich selber aufgegeben, sieht nur noch das Bedrohliche, nicht aber auch die Ressourcen, die man auch noch hat, die Kompetenzen, die Freuden. Dass die Zukunft auch offen ist, hat man vergessen. Die Balance im Leben ist verloren gegangen. Und ist die Resignation meistens ausgehend von einem Gebiet, kann sie sehr leicht das ganze Leben überziehen.

Die Frau, die sich sehr um die Umwelt sorgt, ist enttäuscht von den kaum sichtbaren Fortschritten, die gesellschaftlich in dieser Hinsicht gemacht werden. Sie hat sich an ihrem Wohnort für Projekte eingesetzt, ist aber enttäuscht und zieht sich zurück. »Es hat keinen Sinn!« Zunehmend steht sie unter dem Eindruck, dass sie ihre Selbstwirksamkeit auch in anderen Belangen verliert.

Wird eine Anregung von ihr nicht schnell genug aufgenommen, zieht sie sich verbittert zurück – und immer
mehr Befürchtungsphantasien nehmen überhand. »Es hat
alles keinen Sinn mehr« – resigniert, verbittert, depri-
miert, pessimistisch sieht sie sich selbst, aber auch das
Leben als Ganzes. Und die anderen Menschen kann man
»sowieso vergessen.«

Sie fühlt sich zunehmend »leblos«, »grau«, ohne Energie.

So wie sie erleben heute viele. Offenbar sind die vorhandenen technischen Möglichkeiten zu wenige, der Gestal-
tungswille der Menschen zu schwach und die Ideen der
Regierungen zu wenig griffig und entschlossen, um wirklich eine Veränderung herbeizuführen. Die Umwelt ist
bedroht, das Wirtschaftssystem ist bedroht, überhaupt:
Menschen sind in vielfältiger Weise bedroht – das ist
nicht zu leugnen.

Die Bedrohungen, auch wenn sie uns nicht passen, sind
zu sehen und zu analysieren, und da wo etwas unabänderlich ist, ist es zu akzeptieren. Genauso wichtig ist es aber,
dass wir Situationen, die verändert werden können, verändern, allein oder viel öfter mit anderen zusammen.
Aber: resignierend geben wir auch unsere Mitmenschen
auf, geben auch die unseren Optimismus mit fundierende
Vorstellung auf, dass Menschen miteinander auch mehr
bewirken können, als ein Mensch allein, dass Menschen
miteinander auch immer wieder neue Ideen entwickeln,
die auch zu guten Resultaten führen können. Oft ist es ja
so, dass ein Einzelner, eine Einzelne wirklich wenig verändern kann, aber mit anderen Menschen zusammen sind
auch unverhoffte Veränderungen möglich. Die Zuversicht

also doch nicht aufgeben? Oder spüren, dass wir unter einer großen Besorgtheit verborgen weder die Welt aufgeben wollen, noch die Hoffnung auf Veränderung?

Diese Zuversicht könnte sich im Protest zeigen: Wir protestieren gegen die Versuchung, der Resignation nachzugeben, aufzugeben. Der Protest wäre ein vitales Aufbäumen gegen diese Versuchung: im eigenen Leben, aber auch in der Gesellschaft. Die Liebe zum Leben schafft sich hier Bahn: das entschlossene Nein zu dem, was ist. Wir wissen nie, wie die Zukunft sein wird – und gerade deshalb wollen wir das »Jetzt« gestalten – durchaus auch auf eine lebenswerte Zukunft hin, auch wenn es die möglicherweise nicht gibt – was wissen wir denn wirklich über die Zukunft?

Gegen die Versuchung zur Resignation muss die Liebe auch zum bedrohten Leben gesetzt werden. Es ist eine Anstrengung, zum einen das Bedrohtsein des Lebens immer wieder ernst zu nehmen, und dennoch zuversichtlich das Leben zu gestalten.

Das heißt, wir verstehen die Hoffnung gleich ursprünglich wie die Angst, es gibt nicht nur die Angst, es gibt immer auch die Hoffnung – und diese Doppelheit muss gesehen und auch ausgehalten werden. Obwohl man um die Bedrohungen weiß, verlässt man sich auch darauf, dass es ein »morgen« geben wird. Man verlässt sich nicht darauf, dass es keine Herausforderungen und Probleme geben wird, aber darauf, dass man sich ihnen stellen wird und auch kann.

Wer verzweifelt ist, kämpft, wer resigniert ist, kämpft nicht oder nicht mehr. Resignation kann das Ende eines langen Kampfes sein, etwa wenn Menschen lange leiden, ohne etwas verändern zu können, wenn sie sinnlos leiden. Resignation kann aber auch die Abwehr der vitaleren Verzweiflung sein. Indem man sich von den Gefühlen der Verzweiflung distanziert, wird man resigniert, ohne Hoffnung auf Veränderung. Es erscheint nicht mehr möglich, etwas Wertvolles, Sinnvolles im Leben zu realisieren, es wird als unmöglich erachtet, die Lebenssituation zum Besseren hin zu verändern. Die Bereitschaft, sich auf die Zukunft einzulassen, ist nicht mehr vorhanden. Eine Neugier auf die Zukunft oder gar eine Liebe für die Zukunft sind nicht mehr spürbar. Man kann sich nicht mehr entfalten, weil die Zukunft nicht mehr die vielen Möglichkeiten in sich hat. Man ist gelähmt. Der Resignation entspricht eine stumpfe Teilnahmslosigkeit, die mutlose Müdigkeit des Geistes, die als Acedia schon früh von den christlichen Kirchenvätern beschrieben worden ist. Sie gibt alles verloren, weil es anscheinend nicht mehr gut werden kann.

Die Resignation kann aber auch als ein Versagen empfunden werden, das dem eigenen Selbst zugeschrieben wird. Irgendetwas hat man falsch gemacht, so denkt man. Man gibt sich auf, zieht sich zurück. Es erfolgt ein depressiver Rückzug, der therapeutischer Hilfe bedarf. Resignation ist so etwas wie eine Gefangenschaft der Seele. Hoffnung wäre die Befreiung, wäre Freiheit.

Hoffnung als Befreiung ist auch ausgedrückt im folgenden Gedicht Goethes.

Vor der Strophe zum Thema »Hoffnung« steht in diesem Gedicht die »Nötigung« und zeigt den Menschen als eingebunden in Bedingungen, Gesetze, dem harten »Muss«, einer Scheinfreiheit ausgesetzt. Dagegen setzt Goethe die Hoffnung.

Hoffnung
Doch solcher Grenze, solcher ehrnen Mauer
Höchst widerwärt'ge Pforte wird entriegelt,
Sie stehe nur mit alter Felsendauer!
Aus Wolkendecke, Nebel, Regenschauer
Erhebt sie uns, mit ihr, durch sie beflügelt,
Ihr kennt sie wohl, sie schwärmt durch alle Zonen –
Ein Flügelschlag – und hinter uns Aeonen!

Es ist die Hoffnung, die uns erhebt und beflügelt, die uns
leicht macht und die uns die vielen möglichen Kerker,
auch die selbst gemachten, verlassen lässt.

Die Sehnsucht –
es fehlt immer etwas

In der Erwartung zeigen sich oft Wünsche, die uns noch gar nicht wirklich bewusst sind, denn auch unsere Sehnsüchte schlagen sich in Erwartungen nieder. In unseren Sehnsüchten kommt uns unsere Seele entgegen. Sehnsucht ist eine Form des Bezogenseins auf die Zukunft; in der Sehnsucht ist das enthalten, was wir im Moment als »fehlend« erleben, fehlend im Sinne des guten Lebens, das, was jeweils entwickelt werden muss.

Menschen haben ein intuitives Gefühl für ihr Leben als Ganzes, auch wenn sie mittendrin stehen. Sie spüren, was es heißen könnte, dass dieses Leben als ein gutes und gelingendes Leben verstanden werden könnte. Positiv über das eigene Leben zu denken, scheint den meisten Menschen sehr wichtig zu sein.

Oft wissen wir gar nicht, was uns fehlt oder was in unserem Leben fehlt, aber wir spüren eine zunächst noch namenlose Sehnsucht. Eine Sehnsucht ist weniger bestimmt als ein Wunsch. Sie ist affektiv breiter, erfasst uns ganzheitlicher, aber bestimmter als eine Hoffnung, mit der sie vieles gemeinsam hat. Die Sehnsucht sagt, was uns fehlt – und es fehlt immer etwas. Das alltägliche Fehlende wird uns durch »kleine Sehnsüchte« bewusst, etwa der Sehnsucht, an einem sonnenbeschienenen Strand zu sein, wenn zu lange eine Nebeldecke über unserem Wohnort liegt. Aber meistens haben wir weniger prägnante Sehnsüchte: Sehnsucht nach Liebe, nach Ferne, nach

Weite oder nach Heimat und Geborgenheit, Sehnsucht nach innerem Freisein, Sehnsucht, ein ganz anderer oder eine ganz andere zu sein, Sehnsucht nach einem »ganz anderen« Leben, Sehnsucht nach heftigen Gefühlen, nach Intensität, nach Sinn – oder auch einfach nach Ruhe. Sehnsucht ist mit Weh gekoppelt, was sich im Wort »Heimweh« oder »Fernweh« oder auch in »Wehmut« niederschlägt. Wir wissen, dass die Sehnsucht als Ganze letztlich unerfüllbar bleibt und immer nur partiell erfüllt werden kann. Binden sich unsere Sehnsüchte an konkrete Vorstellungen, dann entstehen bestimmte Wünsche. Damit ist dann die Erwartung verbunden, dass diese Wünsche auch erfüllt werden müssen, damit das Leben als gelungen beurteilt werden kann. In diesem Zusammenhang kann man dann feststellen, dass man nicht gefunden hat, was man gesucht hat – auch wenn nicht ganz deutlich geworden ist, was man denn eigentlich gesucht hat. Ein neues Ziel muss dann definiert werden, einem neuen Wunsch nachgegangen, in der Hoffnung, dass es das ist, was man – halb unbewusst – intendiert. Dabei kommt es durchaus auch vor, dass wir zwar ein uns vorgenommenes Ziel nicht erreichen, eine Erwartung sich nicht erfüllt, wir aber dennoch den Weg dahin als positiv beurteilen, als eine gute Lebenserfahrung. Das Gelingen des eigenen Lebens ist heute nicht mehr durch die Tradition, durch die Religion und durch die sozialen Orientierungen vorgegeben. Das Leben ist nicht mehr einfach gut, wenn wir die traditionellen Werte, etwa der Religion oder der Gesellschaft erfüllen. Deshalb kümmern wir uns mehr um das Gelingen des eigenen Lebens – und damit sind auch die Erwartungen, die wir mit dem eigenen Leben verknüpfen, sehr wichtig geworden. Es geht darum, die

Möglichkeiten, die mit unserem Selbst auch noch verknüpft sein könnten, zu phantasieren. Es gibt nicht nur ein Selbst, das wir bereits entwickelt haben – es gibt auch noch ein »mögliches Selbst«, das sich in unseren Erwartungen zeigt und durch eine inspirierende Vision von einem anderen Leben ins Leben gerufen werden kann. Es gibt immer wieder Aspekte unserer Persönlichkeit, die ins Bewusstsein gehoben werden können, die entwickelt werden können und die sich in unseren Sehnsüchten und Erwartungen zeigen. In den verschiedenen Erwartungen werden dann sozusagen Etappenziele festgelegt. Die Sehnsucht ist ein Ausdruck davon, dass wir uns immer wieder neu auf die Zukunft hin entwerfen, dass wir in einer ständigen Entwicklung stehen, in der immer wieder neue Lebensbereiche anspringen. Die Sehnsucht schlägt sich in den Erwartungen nieder. In ihr wird besonders deutlich, wie Erwartung und Hoffnung innerlich in einem Zusammenhang stehen.

Mit den positiven Erwartungen ist die Vorfreude verknüpft.

Die Freude –
es ist oft besser als erwartet

Wir freuen uns auf etwas Schönes in der Zukunft, das hoffentlich eintreten wird. Dieses freudige Ereignis malen wir uns lebhaft aus, wir haben eine Vision von unserem Leben, wie es sein wird, wenn die Erwartung erfüllt ist: wenn etwa ein Kind da ist oder das Kind schon in die Schule geht, oder wenn wir eine neue Arbeit haben oder wenn wir Zeit haben.

Freude erleben wir dann, wenn wir mehr bekommen, als vorauszusehen war[27], mehr, als wir uns erwartet haben, wenn etwas schöner ist, besser als erwartet. Wir fühlen uns dann unverhofft freudig überrascht.

Die Emotion der Freude äußert sich im Strahlen: Eine der Ausdrucksgesten der Freude ist, dass die Augen aufstrahlen, dass Gesichter aufleuchten. Wir haben den Eindruck von etwas Strahlendem, Leuchtendem, Lichtem, Leichtem, Heiterem.

Die Bewegungen, die wir mit der Freude verbinden, sind Bewegungen in der Vertikalen, Bewegungen, die zur Höhe hin tendieren. So gehen die Mundwinkel nach oben, wenn wir uns freuen oder wenn wir lächeln: Wir könnten vor Freude Luftsprünge machen oder wir werfen etwas hoch in die Luft. So wird deutlich, dass in der Freude ein Gegengewicht zur Erdschwere und zur Dunkelheit liegt. Freude zeigt uns eine Verbundenheit mit etwas, das über uns hinausgeht. Sie ist also auf Transzendenz hin angelegt. In ihr werden aktuelle Beziehungsmuster und die Widerständigkeit des Daseins transzendiert. In ihr zeigt sich Transzendenz vielleicht ganz grundsätzlich.

Wenn wir uns freuen, dann fühlen wir in uns eine Wärme aufsteigen. Sie ist meistens körperlich erfahrbar und ihr entspricht auch eine seelische Wärme. Die Freude lässt uns offener und lebendiger werden. Das Selbstgefühl, das wir bei der Freude erleben, ist ein Gefühl des selbstverständlichen Selbstvertrauens, das daraus resultiert, dass wir im Moment der Freude uns selbst, die Innenwelt, die Mitwelt akzeptieren können, wie sie sind, weil uns mehr zugekommen ist als wir erwartet haben. Zu diesem selbstverständlichen Selbstvertrauen gehört, dass man sich bedeutsam fühlt, ohne dass man auch bedeutsam sein muss. Dieses selbstverständliche Selbstvertrauen, das wir als Menschen im Zustand der Freude erleben, lässt uns offen werden: Wir müssen unsere Ich-Grenzen nicht stur behaupten, wir können sie öffnen. In der Freude sind wir nicht misstrauisch, sondern vertrauensvoll, manchmal allerdings auch naiv. Wir erwarten in der Tat nichts Böses. Tritt das Böse dann doch ein, dann fühlen wir uns sehr verletzt. Man kann sich vor diesen Verletzungen schützen, indem man die Freude kontrolliert, manchmal so weit, dass man selber gar nicht mehr wahrnimmt, dass man sich jetzt gerade gefreut hat. Das ist jedoch ein teurer Schutz. In der Freude vertrauen wir. Wir müssen uns nicht entschließen zum Vertrauen – wir vertrauen einfach – und gelegentlich, das wirft man den freudigen Menschen ja auch vor – verbrüdern und verschwestern sie sich zu leicht.

Selbstverständliches Selbstvertrauen in der Freude, Bedeutsamkeit, auf der man nicht beharren muss, Offenheit und die Möglichkeit des sich Öffnens ergeben ein

Selbstgefühl der Vitalität und der Kompetenz, mit dem Leben umgehen zu können. Wir spüren neue Lebensenergie und neues Vertrauen ins Leben. Aus dieser Selbst- und Weltwahrnehmung heraus möchten wir dann anderen Menschen nahe sein, möchten teilen, haben wir den Mut, miteinander Lösungen zu finden und zu erproben. Erfasst von der Emotion der Freude verhalten wir uns solidarischer, vertrauensvoller und wir sind sehr zuversichtlich, dass eine gute Zukunft möglich wird.

Die Vorfreude

Die Vorfreude ist eine ganz besondere Freude. Vorfreude lebt in der Zukunft und damit auch vollständig in der Vorstellung, sie lebt auch von der Zukunft. Und so ist sie anders als die »normale« Freude, die in einer bestimmten Situation aufbricht und aufleuchtet, in dem jeweiligen Moment wahrgenommen werden muss, und die wir dann in der Erinnerung immer wieder neu wiederbeleben können. Die Vorfreude stammt aus einer Imagination; sie wird genährt aus Sehnsüchten, Wünschen, Erwartungen, etwas gedämpft durch schlechte Erfahrungen. In der Vorfreude sind wir im Erleben der Phantasie bereits dort, wo eine Erwartung erfüllt wird. Der Anlass, der Freude auslösen wird, wird als fast sicher eintretend vorgestellt oder auch richtig herbeiphantasiert. Die Vorfreude tritt dann ein, wenn wir fast sicher sind, dass sich unser dringendster Wunsch, unsere Sehnsucht, unsere Erwartung erfüllen wird. In der Vorwegnahme von einem Ereignis, von dem wir uns große Freude versprechen, haben wir viele Freiheitsgrade. Wir können ein künftiges Ereignis gerade so ausmalen, dass es uns große Freude machen wird. Damit kann die Vorfreude allerdings auch zu einer Quelle großer Enttäuschung werden. Tritt das Erwartete nämlich nicht ein oder anders, als man es sich vorgestellt hat – und das ist meistens so –, dann sind wir enttäuscht, wir empfinden Scham- oder Schuldgefühle, auch Gefühle der Trauer, denn wir haben etwas verloren, was unserem Leben eine Richtung und einen Inhalt gegeben hat, auch wenn es noch nicht realisiert worden ist. Eine unerfüllte Erwartung müsste betrauert werden.

Die Vorfreude ist für Menschen sehr wichtig: in ihr kommt eine Sehnsucht zum Tragen, die uns aus dem Alltag heraushebt, beschwingt, befeuert, ermutigt.

In der Vorfreude nehmen wir eine Situation im Leben, oft auch eine soziale Situation, vorweg, die wir uns weitgehend nach unseren Wünschen und Bedürfnissen vorgestellt haben. An der konkreten Situation wirken dann aber alle Beteiligten mit. In der Vorfreude, die zum Beispiel vom Emotionstheoretiker Izard[28] als »magische Freude« bezeichnet wird, haben wir die Tendenz, die Realität der Mitspieler etwas zu vergessen. Das hat den Vorteil, dass uns bewusst wird, was uns wirklich eine große Freude machen würde, es lässt uns unsere wirklichen Wünsche und Sehnsüchte, aber auch unsere Erwartungen erkennen.

Gelegentlich wird es als weise bezeichnet, die Vorfreude zu kontrollieren, sie nicht zu groß werden zu lassen. Damit will man einer möglichen Enttäuschung zuvorkommen. Die Enttäuschung wäre dann allerdings nicht so groß, wäre es uns klar, dass die Vorfreude für sich allein gesehen werden muss, ungeachtet dessen, ob eintrifft, was man sich ausgemalt hat oder nicht. Die Vorfreude jedenfalls kann uns niemand nehmen – sie kann aber auch, falls wirklich etwas wesentlich besser als erwartet ausgeht, nicht nachgeholt werden.

Die Vorfreude ist eine mutige Freude, auch sie ist getragen von der Hoffnung auf ein gutes Schicksal oder zumindest vom Vertrauen in die eigene Fähigkeit, auch mit Enttäuschungen kompetent umgehen zu können. Die Vorfreude lebt von unserer Vorstellungskraft: Wir stellen uns die künftigen Ereignisse so vor, dass sie uns mit großer Freude erfüllen werden, wir sind mehr als zuversichtlich.

Vorstellungskraft aktiv nutzen

Der Mensch besitzt eine große Vorstellungskraft. Die Imagination, die Vorstellung von nicht mehr oder noch nicht Präsentem, ist eine menschliche Fähigkeit, die wir alle haben. Sie kann allerdings mehr oder weniger geübt sein. Die Vorstellung benutzt wie die Wahrnehmung die gleichen sinnenhaften Kanäle. In der Vorstellung sehen wir Bilder, wir hören Geräusche, wir riechen, wir schmecken, wir können etwas berühren, wir spüren einen Körper in Bewegung. Wer im Alltag gewohnt ist, genau hinzusehen, »sieht« auch in der Imagination besser, wer gut hört, hört auch in der Imagination. Imaginationen werden dann besonders lebendig und damit auch emotional deutlich erfahrbar, wenn in ihnen möglichst viele Kanäle der Wahrnehmung offen sind. In der Imagination kann man sich in Zeit und Raum weitgehend frei bewegen, kann also auch die Zukunftsdimension ins aktuelle Leben hereinholen. Organisiert aber werden die Bilder der Imagination durch die Emotionen: So haben wir Phantasien, die von Angst geprägt sind, Befürchtungsphantasien; andere sind von Hoffnung geprägt, die Hoffnungsphantasien usw. In den Imaginationen ist eine geglückte Verbindung von Innenwelt und Außenwelt auszumachen. Hoffnung, Zuversicht, Erwartung – aber auch die Angst – als die Emotionen, die sich auf die Zukunft beziehen, sind notwendigerweise auf die Phantasie, auf die Vorgriffe der Vorstellungskraft, angewiesen.

An unseren Phantasien lässt sich leicht erkennen, mit welchen Gefühlen wir in die Zukunft blicken.

Phantasien des Besseren

Imaginationen sind oft überraschend, zeigen Neues, zeigen neue Möglichkeiten. Und es können – besonders im Zusammenhang mit Hoffnung und Erwartung – Phantasien eines besseren Lebens sein, ein Vorgriff auf eine Wirklichkeit, die es noch nicht gibt. Das sind mehr oder weniger weit reichende schöpferische Entwürfe. Es sind Phantasien, die den Menschen beschwingen können. Ob sie dann auch in die Realität umgesetzt werden können, ist vielleicht gar nicht so wichtig. Wichtig ist, dass eine Öffnung der jeweiligen Lebenssituation überhaupt als möglich erscheint, dass man wieder den Eindruck hat, in der Zukunft mehrere Optionen zu haben, auf die man zugreifen kann. Und das stimmt uns zuversichtlich – trotz aller Schwierigkeiten.

Vom heutigen Menschen ist Flexibilität gefordert. Das ist heute ein Schlagwort – durchaus mit bedrohlichem Unterton: Sind wir nicht flexibel genug, dann müssen wir entsorgt werden. Aber wie wird man flexibel? Man kann Flexibilität eigentlich nur über die entwickelte Imagination erreichen. Flexibilität im Beruf setzt zum Beispiel voraus, dass man fähig ist, sich berufliche Situationen vorzustellen, von denen man das Gefühl hat, diese könnten noch reizvoll sein. Und das müsste man üben, bevor man möglicherweise die Stelle verliert oder den Beruf wechseln muss. Denn wenn wir in einer Angstsituation sind, dann sind die vielen Optionen, die grundsätzlich in der Imagination möglich sind, verschwunden. Hat jemand Angst, seine Arbeit zu verlieren, und man fragt ihn, was er denn auch noch arbeiten könnte, fällt ihm in der Regel nichts ein. Entängstigt man diesen Menschen zum Beispiel in einer Krisenintervention, sind plötzlich wieder Ideen eines ebenfalls möglichen Lebens zugänglich. Wünsche, Sehnsüchte, Ideen können dann umgesetzt werden, meistens nicht so perfekt, wie man es sich vorgestellt hat, aber doch annährungsweise. Und so müssten wir in unserer gesellschaftlichen Situation eigentlich Imaginationsschulen einrichten, wo man sich ohne Not vorstellen könnte, in welchen Berufen man sich sonst noch am richtigen Platz fühlen könnte, welche Art von Leben einen ebenfalls befriedigen könnte. Solche Imaginationsschulen könnten mehr Flexibilität im Denken und in den Vorstellungen fördern, und das wäre wiederum eine gute Möglichkeit, mit der Angst umzugehen.

Es wird bereits ersichtlich: Es gibt natürlich nicht nur die Imagination als Öffnung zu einem Neuen, zum Besseren, zum Kreativen hin, in die Zukunft hinein usw. Diese Öffnung macht uns auch Angst. Und die Angst gefriert die Optionen ein, die durchaus vorhanden sind. Es ist dann also durchaus möglich, dass wir nicht Imaginationen der Öffnung entwickeln, sondern Befürchtungsphantasien.

Befürchtungsphantasien

Fragt man Menschen nach ihren Phantasien, nennen viele Menschen Befürchtungsphantasien und Phantasien der Bedrohung. Sie stellen sich dann vor, was alles schief laufen, was Schlimmes geschehen könnte, wie sie sich in Gefahr befinden. Bringt man diese Menschen dazu, einmal zwei Stunden lang einfach nur wahrzunehmen, welche Befürchtungsphantasien sich einstellen, und bittet man sie dann, diese zu vergleichen mit dem, was dann wirklich an Bedrohlichem real eingetroffen ist, stellt man fest, dass die Befürchtungsphantasien einen viel größeren Raum eingenommen haben, als die realen bedrohlichen Erlebnisse. Wir haben also mehr Angst, als notwendig wäre. Und traf dann tatsächlich etwas Unangenehmes ein, was ja durchaus zum menschlichen Leben dazu gehört, dann war es meistens nicht das, was man sich ausgemalt hatte, und es wurde auch nicht so katastrophal erlebt wie befürchtet. Es ist eine große Verschwendung von Energie, solchen Befürchtungsphantasien nachzuhängen. Mit diesen Befürchtungsphantasien kann man sich schließlich selbst verrückt machen, denn sie haben eine Tendenz, immer wieder neue Befürchtungsphantasien nach sich zu ziehen, sie machen einen immer hilfloser, das Gefühl der Selbstwirksamkeit schwindet, man wird immer resignierter.

So befürchtet ein Mann um die 40, der zum ersten Mal nicht befördert wurde mit der Begründung, man könne ihn an der Stelle, die er bekleide, im Moment einfach nicht adäquat ersetzen, trotz einer hervorragenden Qualifikation, er könnte entlassen werden. Diese Situation malt er sich aus: Seine Kollegen und Kolleginnen – alle im Betrieb – wissen von seiner Schmach und feixen hinter vorgehaltener Hand. Sie sprechen über ihn und dadurch wird sein Marktwert in anderen Unternehmen sehr viel geringer. Er wird keine Stelle mehr bekommen. Er sieht sich als Arbeitsloser, der seine letzten Schuhe abläuft, um eine neue Stelle zu finden. Dann fällt ihm noch ein, dass seine Frau ihn verachten und deshalb verlassen müsste. Auch seine Kinder (zwei und drei Jahre alt) würden ihn verachten und sich von ihm abwenden. Irgendwie müsste er mit allen Mitteln zu Geld kommen, und er würde vielleicht etwas mit Kreditkarten »drehen«. Darauf sieht er sich im Gefängnis.

Dieser Mann, der um eine Krisenintervention bat, weil er vor lauter Ängsten nicht mehr aus noch ein wusste, war erstaunt und erschrocken über die Phantasien, die er produzierte und die Ausdruck seiner großen Angst sind. Die Angstgefühle werden immer größer, je mehr solcher Phantasien produziert werden, und je größer die Angstgefühle sind, umso bedrohlicher werden die Phantasien. Es ist deshalb im Umgang mit Befürchtungsphantasien sehr wichtig, dass man sie als einzelne betrachtet und sie auf die Wahrscheinlichkeit ihres Eintreffens hin befragt. Sobald man diese Befürchtungsphantasien bewusst wahrnimmt, wird dieser Teufelskreis, in dem immer noch mehr Phantasien der gleichen Art entwickelt werden, gestoppt.

Was war vorgefallen?

Der Mann erzählt noch einmal, dass er zwar gelobt worden sei, dass man ihm versichert habe, dass er seine Arbeit sehr gut mache und dass niemand diese seine Tätigkeit zum jetzigen Zeitpunkt übernehmen könne. Das sei wohl auch so, meinte er nach einigem Nachdenken. Das sei wahrscheinlich nicht einfach ein Bonbon gewesen, um ihm die nicht erfolgte Beförderung zu versüßen. Allerdings bekomme er nicht mehr Gehalt. Es gehe der Firma nicht besonders gut, vielleicht könnten die wirklich nicht mehr bezahlen. Aber das wurme ihn schon.

Jedem könne gekündigt werden. Aber jetzt sei ihm noch nicht gekündigt worden. Gekündigt zu werden, obwohl das heute normal sei, wäre für ihn eine große Schmach. Wenn er gekündigt würde, würden es wirklich alle Mitarbeiter der Firma wissen? Das stelle er sich so vor. Realistisch sei das zwar nicht, denn die Firma sei sehr groß, und er sei nicht ganz oben. Einige würden sich schon freuen. Aber auf seinen Marktwert hätte das wohl doch keinen allzu großen Einfluss. Wenn er arbeitslos wäre, dann würde er auch eine etwas weniger hoch dotierte Stelle annehmen ... Seine Angst legte sich bei diesen Nachfragen und Überlegungen immer mehr. Ob seine Frau ihn verachten würde, das sollte er seine Frau fragen. Dass seine Kinder ihn verachten würden, darüber musste er nun selber lachen ... Ob er etwas mit Kreditkarten »drehen« würde, stehe dann wohl in seiner Verantwortung. Dieser Aspekt der Befürchtungsphantasien erschreckte ihn ganz besonders. Er war von sich überzeugt, ein sehr ehrlicher Mensch zu sein. Es wird ihm einsichtig, dass er befürchtet, sich unter der Fuchtel dieser Angst nicht mehr seinen moralischen Ansprüchen gemäß entscheiden zu können, und dass dabei seine dunkelsten Seiten durchbrechen könnten.

Dieser Mensch wurde in einem Gespräch im Rahmen einer Krisenintervention entängstigt, in dem die Befürchtungsphantasien in ihrem vollen Gehalt gefragt waren. Dadurch konnten sie zum ersten Mal wirklich bewusst und angeschaut werden und in der Folge auch auf die Wahrscheinlichkeit ihres Eintretens überprüft werden.

Dabei benannte er selber einige Strategien des Umgangs mit dem Bedrohlichen: wenn er arbeitslos würde, würde er auch eine weniger hoch dotierte Stelle annehmen. Er findet also Ideen, wie denn das Leben auch im schlimmsten Fall noch bewältigt werden könnte. Dies verbessert das Selbstwertgefühl, er hat nun den Eindruck, doch kompetenter mit dem Leben umgehen zu können als es in der Krisensituation für ihn erlebbar war. Wesentlich ist in diesem Zusammenhang – wie immer im Umgang mit der Angst –, dass erfahrbar wird, dass man die Aggression, die zu Gestaltungsmöglichkeiten führen könnte, weitgehend aus der Hand gegeben hat. Man sieht sie nur bei den anderen Menschen und fühlt sich dadurch in vielfacher Weise bedroht, ohne sich selber dagegen wehren zu können.

Die Befürchtungsphantasien stören einen in den Vorgriffen der Einbildungskraft auf eine offene Zukunft hin; man muss sie wahrnehmen, um sie außer Kraft setzen zu können. So kann man zum Beispiel alles aufschreiben, was man befürchtet, und diese Aufzeichnungen dann ablegen. Es ist sinnvoll, über solche Befürchtungen einmal ernsthaft nachzudenken, sie wirklich ernst zu nehmen, dann erst werden sie relativiert und es besteht die Möglichkeit, dass man frei wird für die Phantasien der Öffnung. Es ist notwendig, die Kette der sich steigernden Befürchtungsphantasien zu unterbrechen. Das geschieht, indem man diese Befürchtungsphantasien möglichst genau benennt. Einmal erkannt, dass diese Befürchtungsphantasien nichts bringen, kann man sich von ihnen aktiv abwenden, und etwas tun, was die volle Konzentration und Aufmerksamkeit erfordert. In diesem Tun erlebt man die eigene Kompetenz, die eigene Selbstwirksamkeit und findet wieder mehr Zugang zu den eigenen Fähigkeiten. Das hilft dann, mit tatsächlich eintretenden schwierigen Situationen besser umzugehen.

Woher kommen diese Befürchtungsphantasien? Leben ist grundsätzlich bedroht, letztlich durch den Tod. Wir müssen uns aber auch immer wieder mit Situationen und Erfahrungen, die uns aktuell bedrohen, auseinandersetzen. Das tun wir in diesen Befürchtungsphantasien aber gerade nicht. Inhalt dieser Phantasien sind selten Verhaltensstrategien zur Bewältigung, sondern Situationen, die den Phantasierenden oder die Phantasierende in die Position eines hilflosen Opfers bringen.[29] In den Befürchtungsphantasien sehen wir uns als bedroht, als Angegriffene, die durch diese Angriffe hilflos werden. Die Aggression, die wir bräuchten, um mit der Situation umgehen zu können, ist delegiert – auf das Bedrohliche, aber letztlich viel weiter: auf die Zukunft. So kommt man dahin, dass das Böse auf die Zukunft projiziert wird. Die Zukunft ist die Verkörperung des Bösen schlechthin – das Böse ist die Zukunft. Die schmerzhaften Erfahrungen von Bösem im Leben, von Erfahrungen, die uns bedrohen und beeinträchtigen, machen wir zu etwas Objektivem: dem Bösen. Dadurch muss man sich aber nicht mehr mit einzelnen Erfahrungen auseinandersetzen. Wer kann es schon mit einem solchen mythisch überhöhten Bösen aufnehmen? Es gibt die Krankheit, den Verfall, den Tod. Wir scheitern, verlassen und werden verlassen, wir übervorteilen und werden übervorteilt. All das gehört zum menschlichen Leben und hat damit zu tun, dass wir Schattenseiten[30] haben.

Statt diese Erfahrungen, die wir als böse erleben, zu akzeptieren und zu verarbeiten, greifen wir zu einer generalisierten Projektion: Das Böse ist schuld. Diese Projektion ist jedoch wenig hilfreich – denn wir müssen mit Erfahrungen, die wir als böse erleben, umgehen. Wir fürchten uns gleichzeitig noch zusätzlich vor »dem Bösen«, das irgendwie in der Zukunft lauert und unsere Hoffnungen und Erwartungen bedroht.

Damit müssen wir uns zwar weniger mit unseren Schattenseiten auseinandersetzen, ängstigen uns aber vor dem Bösen, das wir vor allem in der Zukunft sehen. Heute scheint mir das ein besonders großes Problem zu sein: Die Zukunft wird von vielen Menschen nur noch unter dem Aspekt der drohenden Katastrophen wahrgenommen, gegen die der Einzelne machtlos zu sein scheint. Aber auch da, wo etwas verändert werden kann, wird wenig verändert, dafür viel lamentiert. Wir entwickeln zunehmend eine passive »Lamentierkultur«, eine »Klagekultur«.

Gegen eine Kultur des Klagens

Eigentlich ginge es beim Klagen darum, dass man einen Missstand in seiner Bedeutung für das eigene Leben und das Leben der Mitwelt emotional zum Ausdruck bringt, dabei nicht nur den Ärger, sondern auch die Emotionen der Trauer, die damit verbunden sind. Überlässt man sich den verschiedenen Gefühlen der Trauer, zu der auch die Angst gehört, setzt ein Trauerprozess ein, in dessen Verlauf man wieder neu auf das Leben zugehen, das Leben wieder neu gestalten kann.

Wenn ich von »Lamentier- oder Klagekultur« spreche, dann geht es gerade nicht um ein vitales Klagen, auch nicht um einen vitalisierenden Ärger, sondern es geht darum, mit allem nicht so recht einverstanden zu sein, aber doch nicht so sehr nicht einverstanden zu sein, dass man etwas verändern müsste. Natürlich ist es keine »Kultur«, sondern eine Mode, der sich viele Menschen angeschlossen haben. Man ist »in«, wenn man klagt und nichts tut. Die Aggression, die man brauchen würde, um zumindest im eigenen Umkreis etwas zu verändern – denn dort sind wir verantwortlich und auch zuständig –, ist gebunden im Klagen und in den Projektionen auf die böse Welt, auf die Politiker und Politikerinnen, auf die gerade herrschenden Parteien usw. Klagend sind wir Opfer – von uns selbst –, ohne es wirklich wahrzunehmen. Klagend aber minimieren wir auch das Vertrauen in die Gestaltung der Zukunft – Resignation, Stagnation sagt sich an, Selbstmitleid macht sich breit. Aber als Klagende denkt man von sich wenigstens, man sei kritisch, am Puls der Zeit. Das mag zwar zutreffen, aber man befindet sich nicht in der Haltung eines Gestalters oder einer Gestalterin der Zukunft. Es geht darum, das habituelle Klagen in eine wirkliche, emotional empfundene Trauer über Aspekte des Lebens, die man wirklich verloren hat, zu überführen, und daraus könnte eine Haltung folgen, die das noch Mögliche gestalten will und nicht die Unmöglichkeit des Unmöglichen beklagt.

Diese »Klagekultur« ist auch ein Hinweis darauf, wie sehr wir – auch gesellschaftlich gesehen – immer noch von Autoritätskomplexen bestimmt werden: Irgendeine Autorität soll es für uns machen – uns aber dabei möglichst im Glauben lassen, alles sei dennoch auf unser eigenes Bestreben hin erfolgt.

Die Idee, die in der Tiefenpsychologie vertreten wurde und wird, dass es bei der menschlichen Entwicklung auch immer zu einer Entwicklung zu mehr Mündigkeit, zu mehr Autonomie – durchaus innerhalb von Beziehungen – geht und nicht auf deren Kosten, ist noch lange nicht eingelöst. Sich abzulösen von den Autoritätskomplexen, im persönlichen Leben vor allem auch von den Elternkomplexen, um wirklich ein Original zu werden und nicht eine Kopie der Eltern zu bleiben, gäbe dem einzelnen Menschen mehr Verantwortung und mehr Handlungskompetenz, mehr das Bewusstsein, das eigene Leben auch gestalten zu können – und damit weniger Angst.

Die »Klagekultur« steht auch damit in Zusammenhang, dass Phantasien der Apokalypse heute wesentlich weniger verdächtig sind als Utopien, die rasch als traumtänzerisch, als unrealistisch abgetan werden. Wenn Menschen sich nicht aufgeben, dann müssten zumindest Phantasien der Utopie und Phantasien der Apokalypse sich gegeneinander profilieren können.

Aber viele Menschen scheinen wirklich, wie schon Bloch bemerkt hat, ins Scheitern verliebt zu sein und nicht ins Gelingen.[31] Das heißt aber auch, dass man die Hoffnung aufgegeben hat, etwas zu verändern. Das könnte ja auch weise sein: Man akzeptiert das Leben, wie es für einen ist. Bloß müsste man dann eigentlich nicht klagen. Dennoch müsste unterschieden werden: was ist von uns nicht zu beeinflussen, wo aber können wir etwas tun. Und angesichts der vielen »Baustellen« auf der Welt: Was zu beeinflussen ist uns wirklich wichtig?

Neben den Befürchtungsphantasien und den Phantasien des Besseren, des Neuen, Phantasien, die ausdrücken, dass einiges auch ganz anders sein könnte, gibt es Phantasien, die wir als Kompensation auffassen können. Das sind Phantasien, die eine Flucht aus der Realität darstellen. Diese Phantasien sind es, die Phantasien generell in Verruf gebracht haben als eine Möglichkeit, dem Leben auszuweichen. Die Phantasien der Kompensation stellen sich leicht ein, sie sind aber auch altbekannt und damit uninteressant. Ein häufiges Beispiel: Wird ein Mann von einer Frau abgewiesen, fallen ihm plötzlich alle die Frauen ein, die ihn nicht abgewiesen haben – und noch einige dazu, und er kommt sich toll vor. Möglicherweise behält er diese Phantasien nicht für sich, sondern spricht sie aus.

Man erkennt diese Phantasien der Kompensation auch daran, dass sie sich nicht etwa mit einer Anstrengung oder einer Aktivität befassen, sondern mit einem Zustand, den man irgendwann schon einmal erreicht hat oder erreicht zu haben glaubt. Ein Marathonläufer sagte, wenn er kurz vor der Erschöpfung sei, stelle er sich vor, wie ihm die Goldmedaille überreicht würde, und das lasse ihn nochmals Energie freimachen.

Kompensationsphantasien lassen sich nicht einfach als schlecht bezeichnen. Sie stehen meistens im Dienste der Selbstregulierung des Selbstwertgefühls. Die entsprechende Person fühlt sich besser und kann im besten Fall mit der Schwierigkeit oder der Enttäuschung, die ihn in diese Situation gebracht hat, besser umgehen. Das geschieht allerdings selten. Kompensationsphantasien bringen in der Regel nicht sehr viel.

Diese Vorgriffe der Einbildungskraft, das Zukunftsgerichtete der Imagination, das Schöpferische in unserer Einbildungskraft, sind wirklich zu suchen. Denn das sind Phantasien, in denen das phantasierende Ich oder das Tagtraum-Ich als handelnde Person auftritt, in denen ein Leitbild, was man denn als Mensch werden möchte, zu erkennen ist, aber auch, wie das Leben der Menschen miteinander sein könnte. Der Mut zur Utopie ist gefragt – wenigstens im eigenen Leben. Was alles könnte ich aus meinem Leben noch machen, wenn ich einmal ganz viele Sachzwänge außer Acht lasse? Oder: Wie soll mein Leben in zehn Jahren aussehen, damit ich sagen kann, ich hätte meine wichtigsten Werte verwirklicht?

Eine 46-jährige Frau, die von sich selber sagt, sie sei in so vielen Sachzwängen verstrickt, ihr Leben sei eigentlich ein Gefängnis – ein weitgehend selber hergestelltes, wie sie einräumt, fragt sich, ob sie denn in dieser Multioptionsgesellschaft auch noch Optionen habe. Nicht einfach die Optionen des Konsums, sondern wirkliche Möglichkeiten, wirkliche Alternativen, Öffnungen ihres Lebens.

Auf die Frage, was sie denn anders machen würde, wenn alle diese Sachzwänge nicht mehr existierten, fiel ihr keine Antwort ein. Sie beschrieb indessen, wie sie eine große Müdigkeit erfasst, die ihre Phantasie lähmt. Wozu sich anstrengen, es ändert sich doch nichts, es lässt sich doch so wenig ändern. Und andere Optionen hätten sowieso wieder dieselben Enttäuschungen in sich. Veränderung geht nicht. Alles geht nicht.

Das ist keine Weigerung, sich ein anderes Leben vor-

zustellen von einer Frau, die mit sich und dem Leben einverstanden wäre. Der Wunsch nach Veränderung ist vorhanden, aber die Veränderung nicht durchzuführen. Angesichts der vielen Befürchtungsphantasien, die schon gar
nicht mehr benannt werden können, macht sich die Resignation breit. Die Angst vor der Zukunft legt sich lähmend
über allen Willen zur Utopie.

Ich fordere sie zu einem Spiel mit ihr vertrauten Menschen auf. In diesem Spiel erzählt man einer anderen Person die erfundene Biographie über das eigene Leben, in
der auch zum Ausdruck kommen soll, was einem im
Leben besonders wichtig ist. Nicht nur einmal soll diese
Biographie erzählt werden, sondern immer wieder und
immer wieder ins Angesicht eines anderen Menschen.
Das ist ein sehr vergnügliches, unterhaltsames Spiel mit
einem ernsten Hintergrund. Erzählt man immer wieder
neu eine erfundene Biographie des eigenen Lebens, fällt
auf, dass wir gewisse Aspekte daran nicht verändern, und
diese stimmen oft auch mit der wirklichen Biographie
überein. Anderes hingegen ist in eine große Variabilität
hinein frei gegeben. So gibt es Menschen, die dabei nie
ihr eigenes Geschlecht verändern. Andere halten durch
alle Identitätsformen hindurch ihre jeweilige Schulbildung
aufrecht. Wieder andere wechseln nicht nur Geschlecht,
sondern auch Hautfarbe. Was sich gleich bleibt, scheint
den Menschen besonders wichtig zu sein – und es ist
nicht immer das, was sie im Leben auch leben. Wo Variabilität erlaubt ist, da ist Freiheit, da scheinen neue Optionen auf.

So kam bei der Frau, die sich zunächst keine Optionen
für die Zukunft vorstellen konnte, in diesen erfundenen
Biographien zum Ausdruck, dass sie in allen Versionen in

einem gewissen Alter, nachdem sie genug Geld angesam-
melt hatte, »alles hinschmiss«, eine ganz ungesicherte
Existenz anpeilte, sich der Musik verschrieb in allen möglichen Varianten und über die Musik einen neuen Freun-
deskreis fand. Bis jetzt hatte sie daran nicht gedacht. Sie
hatte zwar als junge Frau während längerer Zeit in einer
recht erfolgreichen Band mitgespielt – und das hatte ihr
auch viel bedeutet. Nachdem sie geheiratet hatte, gab sie
dieses »Musikerleben« auf. Eine Utopie – zumindest für
ihr persönliches Leben – war geboren. Und sofort meldete
sich auch die Angst: Was würden die anderen denken,
wenn sie eine »Gruftie-Band« gründen würde? Was wäre,
wenn sie keinen Erfolg hätte? Wenn niemand zuhören
würde? Und hier taucht wie oft die entscheidende Frage
auf: Was behält letztlich die Oberhand: die Angst oder
der Mut?

Die Entwicklungsdimension, die sich in der Imagination
zeigen kann, zeigt sich in kreativen Vorstellungen, dass
das Leben auch anders sein kann, als wir es gewohnt sind.
Es kann befriedigender sein, auch wenn wir nicht die Welt
als Ganze dabei verändern können. Und man kann die
Erfahrung machen, dass nicht jede Veränderung eine
Katastrophe sein muss.

Was der Mythos weiß –
»Das göttliche Kind«

Erwartung – hoffende Erwartung – ist Erwartung auf etwas Neues, auf etwas, das das Leben verändert, eine Wegmarke, die auf eine bedeutende Veränderung im Leben weist. Nicht selten zentrieren Menschen ihre verschiedenen Erwartungen auf eine einzige Erwartung, die dann gebündelt alles, was mit den verschiedenen Erwartungen verbunden ist, abgelten soll. Wird eine solche Erwartung enttäuscht, dann fehlt ein zentraler Lebensinhalt. Erwartung und Hoffnung werden oft auf Kinder projiziert, denen ja auch ganz real die Zukunft gehört. Nicht selten wird eine solche gebündelte Erwartung auch mit der Geburt eines Kindes verbunden, besonders dann, wenn dieses Kind nicht einfach so kommt.

Mit Erwartung, vor allem auch mit der Hoffnung, ist symbolisch das Kind verbunden im Mythologem vom göttlichen Kind.

Mythologeme sind Geschichten von typisch menschlichen Möglichkeiten und Schwierigkeiten, die durch die Entwicklung der Kulturen in einer leicht veränderten Form immer wieder neu anzutreffen sind. Sie sind in ihrem erzählerischen Kern konstant, haben also jeweils eine gleiche zentrale Aussage und betreffen ein existentielles Grundbedürfnis der Menschen. Solche Mythologeme, die jeweils auch in die Sprache der Gegenwart übersetzt werden, ihre zentrale Aussage dabei jedoch beibehalten, werden in bestimmten existentiell bedeutsamen Lebenssituationen immer wieder erzählt oder auch in Ansätzen geträumt. Sie helfen, eine Lebenssituation zu verstehen, sie aber auch emotional zu verarbeiten, und geben den Mut und die Hoffnung, auch diese – meist schwierige – Lebenssituation zu bestehen, wie sie schon viele Menschen vor einem auch bestanden haben. Die menschlichen Erfahrungen sind zwar immer individuell, aber es sind doch Erfahrungen, die andere Menschen in ähnlicher Weise ebenfalls gemacht haben und noch machen werden. Die menschlichen Probleme sind typisch menschliche Probleme, jeweils etwas eingefärbt durch die persönliche Lebensgeschichte und durch die Zeitsituation, in der wir leben. Deshalb gibt es immer auch Modelle, wie diese Probleme schon einmal angegangen worden sind, wie man sie überlebt hat, unter anderem auch in den mythologischen Erzählungen.

Das Mythologem vom »göttlichen Kinde«[32] kennen wir in unserem Kulturkreis im Zusammenhang mit Weihnachten. Jesus ist eines der göttlichen Kinder, aber auch Dionysos, Krishna usw. Zu diesem archetypischen Motiv gehört jeweils ein lebensspendender, das Leben ermöglichender Mutterraum mit Fülle und Lebendigkeit, es gehört das göttliche Kind dazu, das auf eine besondere Weise gezeugt oder geboren wird, und die Dämonen und Dämoninnen, die dieses göttliche Kind bedrohen. Die besondere Geburt ist zum Beispiel die doppelte Geburt: Dionysos wird von Semele ausgetragen, die eifersüchtige Hera überredet Semele dazu, Zeus, den Kindsvater, dazu zu bringen, sich in seiner ganzen Herrlichkeit zu zeigen: Er erscheint als blitzende Flamme und Semele verbrennt. Zeus rettet Dionysos und trägt ihn in seinem Oberschenkel aus. Bei Jesus haben wir statt der doppelten Geburt die wunderbare Zeugung. Aber auch die Dämonen treten kurz nach der Geburt in Aktion und wollen dieses Kind zerstören; im Falle von Jesus ist das ausgedrückt in der Verfolgung aller neugeborenen Jungen durch Herodes. Krishna wird von einer Amme mit giftiger Milch verfolgt; Krishna weiß das aber und saugt dieser Amme die ganze Milch aus und spuckt sie anschließend aus. Zerstört ist am Schluss nicht er, sondern die Dämonin. Wäre das göttliche Kind den Dämonen und Dämoninnen nicht gewachsen, dann wäre es eben kein göttliches Kind.

Im Märchen »Der Teufel mit den drei goldenen Haaren«[33] ist die »doppelte Geburt« bereits verknüpft mit der dämonischen Macht eines Königs. In diesem Märchen wird armen Eltern ein Kind mit einer Glückshaut geboren. Die Weissagung ist, dass alles, was einem solchen Kind geschieht, zu seinem Glück gereichen wird und dass es in seinem vierzehnten Lebensjahr die Tochter des Königs zur Frau bekommen soll – ein geradezu unerhörter Aufstieg. Das findet auch der König, der Vater der besagten Tochter, und diesen Aufstieg will er verhindern. Er überredet die Eltern, ihm das Kind zu überlassen, er werde gut für es sorgen. Er legte es dann aber in eine Schachtel, warf diese dann in ein tiefes Wasser und meinte, seine Tochter von diesem Freier befreit zu haben. Die Schachtel aber schwamm wie ein Schiffchen, und kurz vor des Königs Hauptstadt blieb sie an einem Wehr hängen. Ein Müllerbursche, der einen Schatz zu finden hoffte, zog die Schachtel heran, darin lag der Knabe, frisch und munter. Er brachte sie zu den Müllersleuten, die selber keine Kinder hatten, und ihn mit großer Freude aufnahmen als Gottes Geschenk. Sie pflegten ihn nun, und er wuchs aufs

Beste heran. Natürlich versucht der König auch später, ihn zu verderben, aber es gelingt ihm nicht. Dieses Glückskind zeichnet sich dadurch aus, dass es ein großes Vertrauen in das Schicksal hat und dadurch auch sehr viel erreicht.

Als der König ihn verderben will, schickt er den Jungen mit einem Brief zu seiner Frau mit der Aufforderung, diesen jungen Mann zu töten. Der Junge verirrt sich und kommt in ein Räuberhaus. Eine alte Frau warnt ihn: die Räuber würden ihn umbringen. Er aber sagt: »Mag kommen wer will. Ich fürchte mich nicht.« Und schlief ein. Die Räuber töteten ihn nicht, aber sie vertauschten seinen Brief und schrieben, dem Jungen solle sofort bei seiner Ankunft die Königstochter angetraut werden. Das geschah dann auch. Natürlich versuchte der König auch weiterhin, ihn zu verderben, aber mit dem ihm eigenen Vertrauen ins Schicksal gelingt es dem »Glückskind«, die geforderten Entwicklungsaufgaben zu leisten, er wird reich dabei und den König wird er auch los.

Der Mythos vom göttlichen Kind sagt uns unter anderem: Es gibt nicht nur die immer wieder neue Hoffnung auf Neuwerdung, es gibt auch immer wieder die tödliche Bedrohung dieses Neuen. Die Emotionen, die mit dem Mythologem des göttlichen Kindes verbunden sind, sind Freude, Hoffnung auf Werdendes, Mut, Wille zur Gestaltung trotz Widrigkeiten samt dem Vertrauen, dass es auch gelingt, kurz, Hoffnung auf Neuwerdung auf unvorhersehbare, glückhafte Weise.

Lässt man sich auf dieses Mythologem ein, erlebt man diese Geschichten zum Beispiel in der Vorstellung nach, so erfasst einen die Hoffnung auf Neuwerdung, auf Gestaltenkönnen, die Hoffnung auf eine gute Zukunft.

Letztlich bewirkt es eine faszinierende Vision, eine Phantasie des »anderen« – etwas »anderes« als das, was ist, ist auch möglich –, es geht letztlich um die Möglichkeit, das Leben schöpferisch zu verändern – zum Besseren hin – wider das Problematische.

Der schöpferische Aspekt dieser archetypischen Konstellation kann auch in symbolischer Form in der mythologischen Erzählung ausgedrückt sein. Einmal verpetzten die Spielkameraden Krishna, er habe Lehm gegessen. Er bestritt das. Seine Mutter verlangte daraufhin, dass er seinen Mund öffne. Gehorsam tat er das, da sah die Mutter in seinem Mund die ganze Schöpfung: den Weltenraum, die Sterne, Sonne und Mond, die Kontinente, die Gebirge und Meere …

Das Erleben dieser archetypischen Geschichten mit ihren Bildern wird im Leben eines Individuums durch die persönlichen Komplexe überformt: je nachdem, welche emotional bedeutsamen Erlebnisse wir mit Kindsein und Kindheit verbinden, werden wir diese Geschichten und die damit verbundenen Emotionen etwas anders erleben. Dennoch meine ich, dass auch durch schwierige Erfahrungen in der Kindheit der Hoffnungsaspekt auf schöpferische Veränderung, auf Neuwerdung, nicht ganz zugedeckt werden kann.

Die archetypische Konstellation des göttlichen Kindes kann in Resonanz auf die kollektive Symbolik erlebt werden: Göttliche Kinder sind kulturelle Heilbringer. Weihnachten zum Beispiel kann uns plötzlich auch als symbolisches Geschehen ergreifen. Es wird uns dann unmittelbar deutlich, dass dieses göttliche Kind, dessen Geburt immer wieder gefeiert wird, auch im eigenen Leben existentiell etwas bedeutet: Die Hoffnung auf immer wieder mögliche Neuwerdung.

In Reifungsprozessen von Menschen ist immer wieder dieses archetypische Symbol des göttlichen Kindes auszumachen: Da werden etwa in Träumen Kinder geboren – von Frauen und von Männern – die nicht einfach Säuglinge sind, sondern auch etwas Uraltes an sich haben. Da gebären Frauen, die viel zu alt dafür sind, oder die Träume bevölkern sich auch ohne Geburt auf wundersame Weise mit Säuglingen, für die man die Verantwortung übernehmen und die man vor Gefahren, vor Bedrohungen schützen muss. Diese Symbole, die in den Symbolkreis des göttlichen Kindes gehören, werden dahin gehend verstanden, dass jetzt etwas Neues ins Leben tritt, dass neue Lebensmöglichkeiten nicht nur erkannt, sondern auch im Leben verwirklicht werden wollen. In solchen Träumen kann es natürlich auch geschehen, dass das Kind stirbt – da werden dann die »Dämonen« übermächtig. Doch hier geht es um die »göttlichen Kinder«, die leben und Neues versprechen.

Diese Sehnsucht nach dem Neuen kann sich auch in einem realen Kinderwunsch äußern. Es ist manchmal aus psychotherapeutischer Sicht schwierig herauszufinden, ob eine Frau einen dringlichen Kinderwunsch hat oder ob dringend andere neue Lebensmöglichkeiten in ihr Leben integriert werden müssen. Gelegentlich greift beides ineinander: Eine Frau akzeptiert, dass sie kein Kind bekommt und entschließt sich zu einer weiteren Ausbildung – daraufhin wird sie schwanger und gebiert ein Kind …

Wir leben in einer Zeit, in der vieles außen, konkret, materiell, geschieht. Innerlichkeit hat im Moment kaum eine Lobby. Die Pflege unserer psychischen Innenräume könnte verbessert werden. Und so wäre es denkbar, dass in Lebenssituationen, in denen etwas Neues ansteht, die Erwartung entsteht, reale Kinder in die Welt zu setzen. Doch diese müssten dann etwas erfüllen, was sie gar nicht erfüllen können – etwa die Leere einer Frau ausfüllen, den Mangel an Sinnerfahrung kompensieren usw. Die Erwartungen an dieses Kind sind dann nicht Erwartungen, dass es zu einem vitalen, selbstbestimmten Menschen heranwachsen darf, sondern dass es die Erwartungen, auch die geheimen Sehnsüchte und Wünsche, der Eltern erfüllen muss. Der Wunsch nach einem Kind kann natürlich das konkrete, reale Kind meinen, und dennoch ist ein Kind nicht einfach ein Kind, es gibt immer wieder die Hoffnung auf eine wunderbare Neuwerdung – auch im höheren Alter.

Der Prozess der Individuation –
Reifung ins eigene Leben

Das Symbol des göttlichen Kindes ist ein wichtiges Symbol im Rahmen des Individuationsprozesses. Der Individuationsprozess, der sich im Wesentlichen in der schöpferischen und in der konflikthaften Auseinandersetzung mit Symbolen innerhalb einer therapeutischen Beziehung ereignet, ist die Theorie, auf der die Jungsche Therapie gründet.

Jung war vermutlich der erste Wissenschaftler, der einen Entwicklungsprozess der zweiten Lebenshälfte postulierte. Dieser Entwicklungsprozess wird definiert als Individuationsprozess, der besagt, dass wir im Laufe des Lebens immer mehr der oder die werden sollten, die wir eigentlich sind, immer echter, immer mehr wir selbst, immer stimmiger mit uns selbst. Als Symbol dafür wird immer wieder das Bild von einem Samen und dem daraus wachsenden Baum gebraucht. So muss aus einer Eichel eine Eiche werden, eine Eichel kann sich nicht einfach entscheiden, zu einer Buche zu werden. Je nachdem, wo die Eichel hingefallen ist, wird sie sich aber etwas anders entwickeln. Die Stürme werden sie mehr oder weniger zerzausen, eine für sie gute Umgebung wird es ihr ermöglichen, zu einem stabilen Eichbaum zu werden.

Der Individuationsprozess, so wie Jung ihn beschreibt, ist einerseits ein Integrationsprozess: Wir integrieren im Laufe eines Lebens die unterschiedlichen Seiten an uns, die zu uns gehören. Die Anregung dazu kann sowohl aus unserem Unbewussten kommen als auch aus der Auseinandersetzung mit der Mitwelt. Der Individuationsprozess ist andererseits auch ein Prozess der Abgrenzung, des Gewinnens von immer mehr Autonomie, mehr Freiheit. Abgrenzung bedeutet zum einen die bewusste Auseinandersetzung mit dem kollektiven Bewusstsein, mit Rollen und Normen, mit Autoritäten, zum anderen die altersgemäße Ablösung von den Elternkomplexen, eine Auseinandersetzung mit den Komplexen überhaupt, die uns daran hindern, das zu leben, was wir leben wollen und die in unserem täglichen Leben einen gewissen Wiederholungszwang bewirken.[34] Im Individuationsprozess fragt man konsequent nach »mir selbst« in der Beziehung zu meinem Unbewussten, meinen Mitmenschen, der Mitwelt. Und es gibt immer wieder Antworten, die mich als einmaligen Menschen mit einmaligen Anforderungen des Lebens zeigen, immer vorläufig, auf Korrigierbarkeit hin angelegt.

Jung bezeichnet den Individuationsprozess einerseits als internen, subjektiven Integrationsvorgang, d. h. in diesem Prozess stehend lernt der Mensch immer mehr Seiten an sich kennen, kommt mit ihnen in Kontakt und verbindet sie mit dem Bild von sich selbst, z. B. durch Rücknahme von Projektionen. Doch der Individuationsprozess ist auch ein interpersoneller, intersubjektiver Beziehungsvorgang. Jung: »Denn die Beziehung zum Selbst ist zugleich die Beziehung zum Mitmenschen, und keiner hat einen Zusammenhang mit diesem, er habe ihn denn zuvor mit sich selbst.«[35] Heute wird dieses Verhältnis nicht als zeitliches Nacheinander verstanden, sondern dialogisch: Die Beziehung zum Selbst und zum Mitmenschen bedingen einander.

Es geht also beim Individuationsprozess nicht nur um das Erreichen von Autonomie und damit von mehr Freiheit, sondern immer auch um die Entwicklung zu mehr Beziehungsfähigkeit und um mehr Echtheit, Authentizität. Es geht um Autonomie innerhalb von Beziehung.

Individuation ist ein Prozess und letztlich auch ein Ziel. Als Ziel ist Ganzwerden eine Utopie, die wir nie erreichen, wir sind bestenfalls auf dem Weg, und auf diesem Weg bleibt man immer wieder einmal stecken. Der Prozess indessen erfüllt die Dauer des Lebens mit Sinn.[36] Dieser Prozess besteht in einer kontinuierlichen Auseinandersetzung zwischen Bewusstsein und Unbewusstem, die sich in zwischenmenschlichen Beziehungsmustern und Spannungen zeigen. Diese Gegensätze müssen ausgehalten werden, bis sich neue Systeme bilden, die sich meistens auch in Symbolen zeigen. Im Verlaufe dieses Prozesses werden einige besonders wichtige Archetypen – wie Animus und Anima (Bilder des geheimnisvollen Fremden oder der geheimnisvollen Fremden, die einerseits die Ablösung von den Elternkomplexen bewirken, andererseits mehr zur eigenen Mitte hinführen und die Beziehungen steuern) – und die vielfältigen Bilder des Schattens belebt.

Jung postuliert ein Zentrum im Menschen, das diesen Individuationsprozess intendiert und bewirkt: das Selbst, dem der Ichkomplex gegenübersteht.

Was versteht man unter dem Selbst im Jungschen Sinn?

Jung bezeichnet das Selbst als ein wegweisendes Prinzip im Menschen, es sei der geheime spiritus rector unseres Lebens: Es ist das, was bewirkt, dass wir sind und uns entwickeln.[37] Das Selbst wirkt als apriorisches Gestaltungsprinzip in uns, das auch den Aufbau des Ichkomplexes, dessen Grundlage der Körper ist, und unser Gefühl der Identität steuert. Weiter wird das Selbst als Ursache für die Selbstregulierung der Psyche gesehen: Für Jung ist das psychische System – und das formulierte er schon 1916 – ein sich selbst regulierendes System wie auch der lebende Körper. Jung sah diese Selbstregulation vor allem darin, dass vom Unbewussten her Reaktionen gegen bewusste Einseitigkeiten zu erwarten sind, so dass die Integrität der Gesamtstruktur gewahrt bleibt, der Mensch aber dennoch fähig ist, seinen jeweiligen Standpunkt zu transzendieren, sich also zu wandeln.[38]

Das Selbst als zentraler Archetypus wird von Jung weiter beschrieben als Grund und Ursprung der individuellen Persönlichkeit. Es umfasst diese individuelle Persönlichkeit in Vergangenheit, Gegenwart und Zukunft.[39] Symbolisch erscheint das Selbst oft in der Vereinigung von Gegensätzen auch in abstrakten Symbolen, die eine Ganzheit symbolisieren und deren Wesen es ist, dass viele mögliche Gegensätze in ihnen enthalten, aber nicht aufgehoben sein müssen, z. B. als Kreis, Kugel, Kreuz usw.

Wird der Archetypus des Selbst erlebt – meistens in Träumen oder gemalt in Bildern –, dann entsteht ein Lebensgefühl der Selbstzentrierung, der Schicksalhaftigkeit einer Situation, begleitet vom Erleben einer fraglosen Identität und einem unabweisbaren Sinnerleben und einem sicheren Selbstwertgefühl. Inhaltlich wird damit Leben, das auch gelebt werden könnte, das wichtig ist für unsere Selbsterfahrung, erlebbar.

Das Selbst gilt denn auch strukturell als Archetypus der Ordnung und der Selbstzentrierung, von der Dynamik her ist es der Archetypus, der zur Selbst-Werdung anregt.

Im Laufe eines Individuationsprozesses wird immer wieder das Symbol des göttlichen Kindes erlebt. Jung meint, das Kind nehme die Gestalt vorweg, die aus der Synthese der bewussten und der unbewussten Persönlichkeitselemente hervorgehe[40], und deshalb wird das Symbol des Kindes auch als das Symbol des Heilsbringers verstanden, dessen, der das Leben ganz macht, Hoffnung und Angst einander dialogisch so verbinden kann, dass das Leben doch mehr von der Hoffnung unterlegt ist.

Finden Menschen mehr zu sich selbst, kann das in der Geburt des göttlichen Kindes sich ausdrücken. Eine Frau um 50, die »ein Leben lang«, wie sie selber sagte, »sich anderen Menschen angepasst hatte«, sich deren Ansichten oder was sie für deren Ansichten hielt unterworfen hatte und daraufhin depressiv wurde, träumte:

»Ich habe gerade ein Mädchen geboren. Ich bin in einem Kreißsaal, und die Hebamme legt mir das Mädchen auf den Bauch. Ich bin sehr erstaunt, ich konnte mich nicht erinnern, schwanger gewesen zu sein. Das Mädchen war ein Säugling, aber auch schon ziemlich groß. Eine Frau sagte mir, sie heiße Karoline. So heiße doch ich, sagte ich. Eben, sagte die Frau. Ich frage mich, ob sie mir das Kind nicht wegnehmen werden, weil ich doch zu alt bin. Ich entschließe mich, für das Kind zu kämpfen. Ich erwachte voll Glück.«

Die Träumerin beschrieb das sie überströmende Glücks-gefühl. Sie war enttäuscht, als beim Aufwachen kein kon-kretes Kind da war, vertiefte sich dann aber wieder in die Traumbilder und in die Emotion des Traumes. Besonders beschäftigte sie, dass das Mädchen ein neugeborener Säug-ling und dennoch schon viel älter war, also eigentlich kein Säugling, dass sie überhaupt ein Kind gebären konnte in ihrem Alter, vor allem aber, dass der Name des Kindes ihr eigener Name war: »Mir scheint, ich bin endlich geboren, mein Ich ist endlich geboren«, meinte sie.

Auch die Dämonen sind vorhanden, wenn auch recht vage ausgedrückt in der Befürchtung, dass man ihr das Kind wegnehmen könnte, weil sie doch zu alt sei, um ein Kind aufzuziehen. Wach wusste die Träumerin, dass sie sich dieses Kind nicht wegnehmen lassen wollte, dass sie sich die Hoffnung auf ein anderes Leben nicht wegneh-men lassen wollte durch ihre Bedenken und ihre vielen Befürchtungsphantasien.

Träume mit dem Symbol des göttlichen Kindes können auch im Kontext des Todes geträumt werden. So erzählt eine 89-jährige Frau einige Wochen vor ihrem Tod ihren Kindern folgenden Traum:

Ich habe ein Kind geboren – dabei ist es doch Zeit zu sterben. Aber ich habe ein Kind geboren und nach euch allen (ihren erwachsenen Kindern) gerufen, denn jemand von euch sollte nach diesem Kind schauen, damit es auch gut wächst. Ich habe doch keine Milch mehr. Jemand beruhigte mich, dem Kind gehe es schon gut – ob ich die hellen Augen gesehen hätte.

Die Frau erzählte den Traum in immer neuen Varian-ten. Sie war sichtbar und spürbar emotional betroffen, dass sie noch einen »so schönen Traum« haben konnte. Ein so schönes Kind hatte sie noch geboren! Das Kind beschäftigte sie sehr, besonders die hellen Augen, die für sie mit Heiterkeit verbunden waren, mit etwas Himmlischem. Die alte Frau verband den Traum mit ihrer Überzeugung, dass ihr Leben nun bald zu Ende sei – und überlegte sich, ob der Tod vielleicht auch etwas wie eine Geburt sein könnte. Sie verstand den Traum aber auch dahingehend, dass ihr Leben ein wertvolles Leben gewesen war, wenn sie sogar jetzt noch ein Kind gebären konnte. Noch einmal hatte sie im Traum dafür gesorgt, dass für neues Leben gesorgt war. Das war der alten Frau sehr wichtig: denn Leben muss doch immer irgendwie weitergehen, auch wenn Menschen sterben.

Gelegentlich treten auch das göttliche Kind und der Archetyp des »alten Weisen« miteinander in einem Traum auf – beide weisen sie auf neue »weise« Hoffnung hin, bei der Hoffnung, Vertrauen, Freude und Zuversicht miteinander verbunden sind.

Ein 68-jähriger Mann suchte eine Therapie auf, weil er über den Verlust seiner Frau nicht hinwegkam. Er war gewohnt, die Probleme des Lebens »mit Vernunft« anzugehen. Das versuchte er auch bei diesem für ihn sehr einschneidenden Verlust, was ihm aber nicht gelang. In der therapeutischen Arbeit wurde die Trauerarbeit nachgeholt, es ging aber natürlich auch um die Entwicklung von brachliegenden Persönlichkeitsanteilen, bei ihm in erster Linie um alles, was nicht so »rational« ist, um den bewussteren und liebevolleren Zugang zu seinen Emotionen.

Nach zwei Jahren therapeutischer Arbeit träumte er:

Ein alter Mann kommt mit einem winzig kleinen Mädchen an der Hand zu meinem Haus, das aber nicht mein Haus ist. Ich kenne es nicht, bin aber sehr vertraut. Ich bringe den beiden, die müde zu sein scheinen, Wasser. Sie trinken schweigend und treten dann in das Haus, als ob es ihres wäre. Vielleicht ist es ja auch ihres, und ich bin der Gast? Ich muss das wohl herausfinden und überlege mir, wie ich das anstellen soll. Irgendwie kann man die beiden nicht einfach so anreden. Während ich noch überlege, wie ich frage, rennt das kleine Kind, das eigentlich doch noch gar nicht rennen kann, aus dem Haus, fasst mich an der Hand und führt mich zu einem Bach. Da sind sehr schöne gelbe Blumen. Alles ist voll Farben, voll Leben – das Kind hat das gebracht.

Der Träumer war sehr berührt von seinem Traum – und voll Freude. In diesem Traum habe er »Lebensfreude« erlebt, wie er sie schon lange nicht mehr erlebt habe. Vielleicht überhaupt noch nie. Jetzt komme ihm sein Leben, das er seit dem Tode seiner Frau mit »grau« verbunden habe, wieder farbig vor. Jetzt habe er wieder Hoffnung, jetzt fließe sein Leben wieder, was er auch mit dem Bach in Verbindung brachte. Das winzigkleine Mädchen, das sich eigentlich benommen hatte wie ein viel größeres Mädchen, faszinierte ihn sehr. Zunächst wollte er das Mädchen schützen, spürte dann aber, dass es wohl besser sei, diesem Mädchen, das er nun als einen geheimnisvollen weiblichen Anteil in seiner Psyche verstand, zu folgen. Das tat er dann auch immer wieder in Imaginationen, in denen er sich das Mädchen vorstellte, und ihm dahin folgte, wo es jeweils hinging. Immer öfter war auch der alte Mann, in dessen Begleitung das Mädchen erstmals erschienen war, mit in den Vorstellungen. Diese Seite des weisen alten Mannes erlebte er ebenfalls als etwas, das ihn mehr zu sich führte, ihm das Gefühl gab, ein sinnvolles Leben zu führen.

Nicht selten sind in den Träumen göttliche Kinder mit alten weisen Männern oder Frauen verbunden. Diese Hoffnung auf den Neubeginn – trotz allem – ist vielleicht auch ein wenig weise. In all diesen Träumen ist entweder ein schützender Mutterraum vorhanden, oder es wird nach ihm gefragt. Es zeigt sich: Diese Neuentwicklungen bedürfen der Geborgenheit.

Das Symbol des göttlichen Kindes tritt vor allem in Träumen, in Imaginationen und in Bildern auf. Es unterscheidet sich im Bild meistens nicht von gewöhnlichen Kindern, bringt aber eine spezielle Emotion mit sich. Gerade dass sich diese göttlichen Kinder nicht von gewöhnlichen Kindern unterscheiden, scheint mir bedeutsam zu sein: Die Geburt von Kindern in Träumen wird meistens verstanden als die Geburt von neuen Lebensmöglichkeiten. Auch ältere Kinder, die in unseren Träumen auftauchen, werden vor allem in ihrem Kindhaften, als dem, das wachsen darf und soll und auch eine gute Umgebung benötigt, um zu wachsen, verstanden. Natürlich erinnern diese Kinder auch immer an uns selber, an das Kind, das wir einmal waren und an Kindhaftes in unserer Seele. Geht es um das göttliche Kind, dann sind diese Traumbilder von einer großen emotionalen Intensität – man kann sich ihnen nicht entziehen und man will sich ihnen auch nicht entziehen.

Dazu passt eine Umschreibung der Hoffnung von Erich Fromm: »Hoffen heißt, jeden Augenblick bereit sein für das, was noch nicht geboren ist, und trotzdem nicht verzweifeln, wenn es zu unseren Lebzeiten nicht zur Geburt kommt.«[41]

Wer hofft, erkennt die Anzeichen neuen Lebens und ist auch bereit, »dem, was bereit ist, geboren zu werden, ans Licht zu helfen«[42].

Hoffen erscheint hier als eine Form der Liebe zum Leben, einer Liebe zu dem, was neu werden will. In Anlehnung an die Psychologie C. G. Jungs kann man es auch so formulieren: Die Hoffnung ist eine der emotionalen Qualitäten des Archetypus des Selbst. Von der Entwicklungsintention her geht es darum, das, was in unserem Leben jeweils noch aussteht, was noch nicht bewusst und noch nicht gewusst ist, ins Leben zu inkarnieren. Dadurch werden wir im Laufe des Individuationsprozesses immer mehr zu dem Menschen, der wir sein können. Der Sinn der Hoffnung wäre also, aus dem eigenen Leben – in der Beziehung zu anderen Menschen und zur Mitwelt – das Bestmögliche zu machen, etwas Ganzes. Das bedeutet für den einzelnen Menschen, sich auch ganz zu engagieren. Zu diesem eigenen Leben kommen wir durch viele Stagnationen und den darauf folgenden neuen Aufbrüchen. Auch wenn wir Fehlentscheidungen getroffen haben: Es gibt immer wieder einen möglichen Neuanfang. Das liegt im Wesen des Menschen selbst: Wir müssen die Hoffnung nicht machen – aber wenn sie sich einstellt, können wir uns davon ergreifen lassen, wenn sie sich nicht einstellt, brauchen wir uns nicht entmutigen zu lassen.

Das Symbol des göttlichen Kindes, verbunden mit dem schützenden Mutterraum, der Geborgenheit schenkt, immer wieder bedroht von den Dämonen, ist in Träumen und Imaginationen erlebbar. Es taucht vor allem in Lebenssituationen – besonders in Krisensituationen – auf, in denen man plötzlich wieder einen neuen mit Hoffnung erfüllten Durchbruch zum Leben hin spürt, wo man spürt, dass sich etwas Neues anbahnt. Es sind Situationen, die sich ereignen und die man dankbar annehmen, aber nicht aktiv herbeiführen kann.

Nun ist der emotionale Ausdruck des Archetypus des göttlichen Kindes (und dem Mutterarchetyp) nicht nur die Hoffnung, sondern auch – und das ist viel alltäglicher – die Freude. Möchten wir mit diesem archetypischen Feld in Kontakt kommen, dann können wir das auch tun, indem wir uns der Emotion der Freude und so weit möglich auch der Inspiration, der gesteigerten Freude, zuwenden. Das ist eine viel alltäglichere Emotion, die wir unmittelbar erschließen und pflegen können. Die Erwartung dabei ist, dass wir uns als freudigere Menschen erleben und dadurch auch als Menschen mit mehr Hoffnung und mehr Vertrauen ins Leben und in uns selbst.

Aber wie macht man das? Zunächst muss man überhaupt erst einmal eine Freude wertschätzen. Denn Freude wird leicht abgewertet als eine Emotion, die Kindern voll zugänglich ist, sie erscheint oft als eine etwas kindliche

Emotion, allenfalls noch als eine Emotion für naive Gemüter. Man weiß, dass Menschen, wenn sie sich freuen, in einer etwas gehobenen Stimmung sind, Fünfe auch einmal grad sein lassen, sich leicht verbrüdern und verschwestern. Und dies sollte man nicht einfach als falsch bezeichnen – es ist oft ein wichtiges Gegengewicht zum gelegentlich allzu kritischen Verstand. Freude ist eine Emotion, die die Solidarität unter den Menschen befördert.[43]

Alle Menschen haben Erfahrungen im Leben, die Freude auslösen. Alles, was es auf der Welt gibt, kann Freude bewirken. Die Frage ist, was in unserem Leben, zum jetzigen Zeitpunkt, in jetzigem Alter, am meisten Freude auslöst. Es lohnt sich durchaus, einmal eine Liste von Erfahrungen, Dingen, Situationen zu machen, die eine auch körperlich erlebbare Freude auslösen. Befragt man verschiedene Menschen, was bei ihnen Freude auslöst, so zeigt sich ein sehr weites Spektrum. In den vorderen Rängen findet sich besonders bei jüngeren Menschen die Freude an der Kompetenz, die dann oft mit Stolz verbunden ist, aber auch die Freude daran, anderen Menschen eine Freude zu machen. Ganz wichtig ist vielen Menschen auch die Freude am Finden ganz allgemein, ob es nun um das Erfinden von etwas geht oder um das Finden von einem Schnäppchen, die Freude am Entstehen von etwas Neuem, am Wachsen der Kinder, aber auch die Freude an Gesprächen in Gruppen, bei denen wirklich etwas Neues entsteht. Die Freude am Naturerleben und an der Schönheit scheint mit zunehmendem Alter immer wichtiger zu werden.

Eine solche Liste eigener Freuden, die durchaus über einen längeren Zeitraum geführt werden kann, ist vermutlich mit vielen »kleinen Freuden« gefüllt, denn die machen unsere Lebensqualität aus. Dadurch wird uns bewusst, was uns denn mit Freude erfüllt, und wir können diese Situationen auch bewusst aufsuchen. Das tun die meisten Menschen auch ohne eine solche Liste, aber mit ihrer Hilfe bemerkt man, dass es in unserem Alltag viel mehr Quellen der Freude gibt, als wir so gemeinhin annehmen.

Rekonstruktion der Freudenbiographie

Emotionen sind ansteckend. Ärgerliche Menschen stecken uns leicht mit ihrem Ärger an, ängstliche Menschen mit ihrer Angst, heitere Menschen mit ihrer Heiterkeit, freudige Menschen mit ihrer Freude. Es gibt aber auch die Möglichkeit einer Selbstansteckung: Wir beleben eigene freudige Erfahrungen aus der Vergangenheit, stellen sie uns möglichst lebendig wieder vor – und die Freude ist wieder spürbar.

Können wir unsere Freude wirklich zulassen, spüren wir sie körperlich und psychisch, dann können wir in der Folge diese Situationen, die Freude ausgelöst haben, in der Erinnerung immer wieder beleben – und die Freude ebenfalls. Wir können uns durchaus an vergangenen Freuden noch einmal freuen. Und es gibt sogar Situationen, die in der Erinnerung mit Freude geradezu aufgeladen werden.

Bei der Rekonstruktion der Freudenbiographie geht es darum, dass wir unser Leben nicht nur unter dem Aspekt von Schwierigkeiten sehen, die wir bewältigt haben, von Ausbildungen, die wir gemacht, von Leistungen, die wir gebracht, sondern auch von Freuden, die wir erlebt haben und die immer noch zu uns gehören. Wir suchen dabei den Kontakt mit den freudigen Persönlichkeits-aspekten in uns.

Kleinere Kinder bringen ihre Freude am deutlichsten zum Ausdruck. Später lernt man, die Freude zu kontrol-lieren, und gelegentlich kontrolliert man sie so sehr, dass sie kaum mehr sichtbar, aber leider auch kaum mehr erlebbar ist.

Deshalb bietet es sich an, sich zunächst einmal vor-zustellen, man sei etwa im Alter eines Vorschulkindes und mache ein bewegtes oder auch ein stilles Spiel, das viel Freude ausgelöst hat. Eine Bewegungsvorstellung, wenn man denn ein Kind war, das sich gerne bewegt hat und sich auch bewegen konnte, weckt die freudigen Erinne-rungen leichter. Bilder von diesem Kind kann man hervor-rufen, indem man sich etwa vorstellt, dass ein Video mit Aufzeichnungen von diesem Kind läuft, man kann sich aber auch in die Haut dieses Kindes versetzen und sich noch einmal vorstellen, wie es denn damals war, als man so hoch geschaukelt ist, Purzelbäume geschlagen hat, mit anderen Kindern ins Heu gesprungen ist – mit ein wenig Angstlust. Oder wie man einen ganzen Zoo hergestellt hat an Tieren aus Holz usw. Solche Erinnerungen beleben sich übrigens auch auf eine ganz natürliche Weise, wenn man Kinder sieht, die wieder dieselben Spiele spielen, die man selber gespielt hat. Hat man sie wiederbelebt, dann fallen einem immer weitere Erinnerungen ein. Natürlich wird man sich fragen, was denn aus diesen Freuden gewor-den ist und ob sie in einer veränderten Weise in unserem Leben noch existieren. Wenn sie nicht mehr vorhanden sind, werden wir uns fragen, ob wir sie vermissen und sie vielleicht in veränderter Form wieder in unser Leben bringen könnten. In diesen Vorstellungen wird ebenfalls sichtbar, wie wir unsere Freude ausgedrückt haben, ob jemand da war, mit dem oder der wir die Freude teilen konnten, ob uns die Freude verdorben wurde und vieles mehr. Wurde uns immer wieder auf eine ähnliche Weise die Freude verdorben, haben wir im späteren Leben die Tendenz, anderen Menschen auf genau diese Weise die Freude zu verderben. Suchen wir diese Erinnerungsbilder, dann spüren wir die Freude des Kindes, und wir spüren auch, dass sie immer auch noch ein Aspekt von uns selber ist.

Da es sich um eine Biographie handelt, versucht man, diese Inseln der Freude durch unsere Lebenszeit hindurch zu finden. Es ist hilfreich, eine Liste der aktuellen Freuden zu verfassen und sich über die Fähigkeiten zur Freude und den Anlässen zur Freude in der gegenwärtigen Situation Gedanken zu machen. Will man eine vollständige Freudenbiographie erhalten, so ist es sinnvoll, sich einzelne markante Lebensübergänge vorzustellen mit der neugierigen Frage an sich selbst, wie man damals war. Besser ist es noch, dies einem anderen Menschen zu erzählen, und sich dann zu fragen und es auch imaginativ nachzuerleben, was denn damals die Freuden waren.

Auch Menschen, die ein schwieriges Leben hatten, erinnern sich an Inseln der Freude, meistens sogar besser als Menschen, von denen zu sagen ist, dass sie insgesamt ein freudiges Leben führen. Bei der Rekonstruktion der Freudenbiographie kommen durchaus auch schwierige Lebenserfahrungen zur Sprache. Denn wenn wir uns freuen, haben wir ein besseres Selbstwertgefühl als sonst und dann können auch schmerzhafte Erlebnisse, die sich oft darin zeigen, dass eine Freude nicht mehr erlebt werden kann oder sich Situationen, die Freude ausgelöst haben, verändert haben, besser zugelassen und emotional nach-empfunden werden. In einer solchen Rekonstruktion wer-den auch neidische Menschen erinnert, die den Ausdruck der Freude mit Neid quittiert und den freudigen Men-schen beschämt haben. Anderen fällt auf, dass sie ständig zur Freude aufgefordert worden sind, obwohl es gar kei-nen Anlass dazu gab, und sie sich angewöhnten, eine auf-gesetzte, falsche Freude zu zeigen. Natürlich waren sie im späteren Leben dem Ausdruck von Freude gegenüber misstrauisch: war sie echt, war sie aufgesetzt?

Es eröffnen sich mit der Freudenbiographie viele neue Gesichtspunkte, unter denen man die eigene Biographie betrachten und neu mit sich selber in Kontakt kommen kann. Wesentlich dabei aber ist es, dass wir in Kontakt kommen zu uns als einem Menschen, der auch freudig ist. Das verstärkt das Gefühl der Geborgenheit im Leben, weckt die Hoffnung darauf, dass es im Leben immer etwas besser sein kann als man gedacht hat und nicht immer nur schlechter. Das Selbstvertrauen und Vertrauen ins Dasein nehmen zu.

Aufbrechen und vertrauen –
was die Märchen wissen

Alle Märchenhelden und Märchenheldinnen brechen auf –
und meistens geschieht dies aus Not heraus. Und aufzubrechen scheint dann doch allemal noch etwas Besseres
zu versprechen, als wenn sie bleiben und ausharren. Im
Notfall wollen sie lieber sterben als das elende Leben weiter ertragen. Hänsel und Gretel können nicht mehr
ernährt werden. Allerleirauh sollte seinen Vater heiraten
und will das doch um keinen Preis. Schneewittchen soll
getötet werden, damit seine Stiefmutter die Schönste im
Lande bleiben kann. »Hans mein Igel« geht in die Welt
hinaus, weil er unter Vaters Ofen doch nichts werden
kann und der Vater froh ist, ihn loszuhaben. So wie sie
brechen viele andere auch auf.

Der jeweiligen Not muss abgeholfen werden, und das
geschieht, indem Märchenhelden und Märchenheldinnen
die alte Situation verlassen, weil ihnen nichts anderes
übrig bleibt. Sie sind nicht von einer großen Hoffnung
erfüllt, aber sie haben mehr oder weniger großes Vertrauen ins Leben und in die Zukunft. Sie gehen und sie
unternehmen den Versuch. Die Not wird überwunden,
indem sie anstehende Probleme lösen, aber auch, indem
sie neue Seiten an sich entwickeln.

In fast allen Märchen geht es um das Gelingen des
Lebens.[44] Die Probleme entstehen aus der Sicht des Mär-
chens dadurch, dass das Leben einseitig gelebt wird, dass
wichtige, anstehende Lebensmöglichkeiten nicht ins bis-

herige Leben einbezogen werden können oder dass bestimmte Aspekte einfach verdrängt werden. Die Aufgabe der Märchenheldinnen und Märchenhelden ist es, das Verdrängte oder die neuen Konstellationen aus dem Unbewussten, die das Leben verändern, ins Leben hereinzuholen. Stellvertretend geht der Protagonist oder die Protagonistin durch einen Prozess der Wandlung, symbolisch gesehen durch Tod und Wiedergeburt. Diese Wandlung betrifft letztlich das Kollektiv als Ganzes. Märchenheldinnen und Märchenhelden wehren sich nicht gegen diesen Wandlungsprozess. Sie stehen also exemplarisch für die Menschen, die sich auf die immer wieder notwendige Wandlung einlassen können, die immer wieder einen Aufbruch wagen, ohne dabei letztlich ihre kontinuierliche Identität zu verlieren. Dabei werden jeweils relativ unspektakulär die gerade anstehenden Probleme gelöst. Im Märchen kümmern sich Heldinnen und Helden selten um die fernere Zukunft, das Gelingen findet im Jetzt und Hier statt. Wenn Leben einmal gelungen ist, ist das auch kein Versprechen für ein immer gelingendes Leben, aber es belebt zumindest die Hoffnung darauf. Natürlich geht man – nicht nur im Märchen – anders mit zukünftigen Schwierigkeiten um, wenn man weiß, dass man schon beachtliche Schwierigkeiten überwunden hat.

In welcher Haltung gehen Märchenhelden und Märchenheldinnen, an denen man das Aufbrechen lernen kann, ihren Weg?

Sie müssen sich zunächst voll auf die ihnen gestellte Aufgabe einlassen. Engagement in einem radikalen Sinn ist gefordert, es ist oft eine totale Herausforderung – und es könnte das Leben kosten. Sie müssen alles tun, was in der eigenen Kraft liegt, und dann darauf vertrauen, dass ihnen Hilfe zuteil wird. Auch diese Hilfe ist oft unspektakulär: So findet Allerleirauh, nachdem sie von des Königs Hof geflohen ist und lange gelaufen ist, einen hohlen Baum, in dem sie in Ruhe schlafen kann. Schneewittchen findet das Haus der Zwerge hinter den sieben Bergen.

Im Märchen »Der Teufel mit den drei goldenen Haaren« findet das Glückskind die Ellermutter, die ihm hilft, dem Teufel zu entlocken, warum etwa in einem Brunnen, der zuvor Wein geführt hat, jetzt nicht einmal mehr Wasser vorhanden ist. In anderen Märchen werden alte weise Männer oder Frauen getroffen, die nach dem Woher und Wohin fragen, und – nachdem ihnen entsprechend respektvoll geantwortet wurde – die entscheidenden Ratschläge geben. Da hebt sich jeweils aufkommende Niedergeschlagenheit und Ratlosigkeit – und der Held oder die Heldin gehen wieder mit Zuversicht ihren Weg. Versteht man Märchen als Geschichten, die auch psychische Prozesse abbilden, dann treffen Märchenhelden und Märchenheldinnen in den alten Weisen die weisen Aspekte ihrer eigenen Psyche. Sie haben einen schöpferischen Einfall – und das in einer Situation, in der alles ausweglos erscheint, und sie diese Ausweglosigkeit auch aushalten. In diesem Moment haben sie einen Einfall, was helfen könnte, und alles sieht schon wieder ganz anders aus.

Alles zu tun, was in der eigenen Macht liegt, und sich dann helfen zu lassen, offen zu sein für rettende Einfälle. Das scheint eine Grundregel für das gelingende Leben zu sein, für das Leben mit Vertrauen in sich und in die Zukunft. Das erfordert zum einen eine sehr aktive zupackende Einstellung dem Leben gegenüber mit viel Mut zur Angst, zum anderen eine kontemplative oder meditative Einstellung, die offen ist für Einfälle, die die Einfälle auch erwartet. Märchenheldinnen und Märchenhelden entwickeln keine Klagekultur oder nur einmal vorübergehend, sie sind nicht beherrscht von der Überzeugung, dass »alles nicht geht«, sondern vom Gedanken, dass es doch einen Weg geben muss.

Das weist auf das tiefe Lebensvertrauen hin, das sie haben. Bei den einen ist dies sofort sichtbar, die anderen scheinen zunächst eher wenig Vertrauen zu haben, und dennoch erweist es sich in den aussichtslosen Situationen, dass sie nicht verzweifeln, sondern dass sie eben doch auch vertrauen, vielleicht auch nur, weil ihnen nichts anderes übrig bleibt.

Die Märchen lehren uns: Man wird nicht aufbrechen ohne Not. Aber wenn man aufbricht, dann stellen sich zwar Angst, Orientierungslosigkeit und Verzweiflung, aber auch Vertrauen, neue Einfälle und Hoffnung ein.

Hoffnung, die Geborgenheit gibt

Die Möglichkeit zur Hoffnung liegt im lebendigen menschlichen Wesen selber. Sie ermöglicht es uns, trotz allem immer wieder das Leben zuversichtlich anzugehen, der Resignation immer wieder zu entkommen. Und dennoch: man muss sich immer wieder neu auch zur Zuversicht und damit zur Hoffnung entschließen, sich aber auch auf Hoffnung, Vertrauen und Zuversicht sensibilisieren, wahrnehmen, wo im Leben wir sie – oft unbemerkt – erleben.

Die Unterscheidung im Französischen von »espoir«, der aktiven Hoffnung zum Leben, und »espérance«, der tiefen Hoffnung, die den Menschen auszeichnet und die etwa in großen existentiellen Krisen als bildlose Hoffnung zum Tragen kommt, ist durchaus sinnvoll. Dennoch sind die beiden Formen der Hoffnung nicht zu trennen, durchdringt die bildlose Hoffnung zumindest immer wieder die alltäglichere Hoffnung, die sich als Motivation zur Selbstverwirklichung, zur Selbstwerdung, zur zuversichtlichen Realisierung im alltäglichen Leben zeigt.

Dabei scheint sich die Angst immer wieder über die Hoffnung zu legen, ohne dass sie die Hoffnung wirklich ersticken könnte. Wo Hoffnung ist, ist Geduld möglich, denn plötzlich bricht die Hoffnung doch wieder durch. Die »Hoffnung ersäuft die Angst«, sagt Ernst Bloch[45] und meint damit, dass die Hoffnung im Menschen ursprünglicher ist als die Angst und dass sich Menschen deshalb auch zur Hoffnung aktiv entschließen können.

Ähnliches gilt vom Vertrauen: Wir Menschen vertrauen ursprünglich, aber wir müssen uns auch immer wieder zum Vertrauen entschließen, Vertrauen schaffen, Vertrauen riskieren und uns dazu entschließen, dass wir in einer Welt leben wollen, in der man einander vertrauen kann. Hoffnung und Vertrauen wachsen aus den verlässlichen Bindungen, und sie werden mehr, wenn wir uns für verlässliche Bindungen zur Verfügung stellen. Hoffnung vermehrt sich auch aus der Erfahrung heraus, dass uns Menschen etwas trägt: So haben wir immer wieder Einfälle, die uns helfen, das Leben zu bewältigen, die uns immer wieder auch eine neue Zuversicht geben können, aber wir können diese Einfälle offensichtlich nicht selber machen. Wir können nur offen und empfänglich dafür sein, wenn sie kommen. Wenn wir aber einen Einfall haben, dann können wir ihn verwirklichen. Es braucht also Entschlossenheit und Gelassenheit: Wir entschließen uns zu Hoffnung und zu Vertrauen, wir stellen uns zuversichtlich das bessere Leben in unseren Imaginationen vor, aber wir können und müssen nicht alles aus eigener Kraft machen. Zur Entschlossenheit gehört auch, dass wir uns mit der Angst beschäftigen, die uns die Zukunft als bedrohlich erscheinen lässt. Zur Entschlossenheit gehört aber auch, dass wir Ressourcen in unserem Leben ernst nehmen und Seiten an uns entwickeln, die das Selbstvertrauen und das Vertrauen mehren: so wie wir es erleben, wenn wir uns freuen. Dann gelingt auch eine echte Gelassenheit: Es kommt wirklich darauf an, beharrlich das Bessere zu erwarten, ohne eine zu enge Erwartung aufzubauen, geduldig dabei zu sein, um bereit zu sein, das Neue zu erfassen, wenn es sich denn zeigt, ohne die Bedrohungen auszublenden. Eine solche Haltung gibt eine Geborgenheit im Leben und sie führt auch zu Dankbarkeit. Wir können nicht dankbar sein, wenn wir den Eindruck haben, alles aus eigener Kraft machen zu müssen. Dies können wir aber nicht, und wir müssen es auch nicht. Und vielleicht ist das, was uns geschenkt wird, das Beste. Aber es ist wie mit den Märchenhelden und Märchenheldinnen: Ohne unser Engagement wird uns auch nichts geschenkt.

Dank

Bei einem solchen Thema verdankt man vielen Menschen etwas. Die Bücher von Otto Bollnow, Gabriel Marcel und Ernst Bloch haben mich seit vielen Jahren immer wieder beim Thema der Hoffnung angeregt und beschäftigt. Der Individuationsprozess von C. G. Jung, ein Ausdruck der Hoffnung, ist eine Theorie, die mir sehr wichtig ist, in ihren therapeutischen Implikationen, aber auch in ihrer Bedeutung für alle Menschen.

Besonders bedanken möchte ich mich bei den Menschen, die mir erlaubt haben, eine Vignette aus ihrem Leben beizusteuern, um das Ganze konkreter werden zu lassen.

Ganz herzlich bedanken möchte ich mich bei Karin Walter für immer wieder neue Anregung, für das Dranbleiben und die wiederum sehr schöne Zusammenarbeit.

Verena Kast

Literatur

Bloch Ernst (1959) Das Prinzip Hoffnung, Band I, Suhrkamp, Frankfurt/Main, S. 1ff

Bollnow Otto Friedrich (1979) (1955) Neue Geborgenheit. Das Problem einer Überwindung des Existentialismus. Kohlhammer, Stuttgart

Brecht Bertolt (1971) Geschichten von Herrn Keuner. Suhrkamp, Frankfurt am Main

Camus Albert (1959) Der Mythos des Sisyphos, Rowohlt, Hamburg

Fromm Erich (1968a) Die Revolution der Hoffnung. Für eine Humanisierung der Technik, Gesamtausgabe Bd. IV, dtv München, S. 267, § 9

Izard Carroll E (1981) Die Emotionen der Menschen, Beltz, Weinheim und Basel

Jung Carl Gustav (1976) Zur Psychologie des Kindarchetypus, in GW9/1, § 267

Jung Carl Gustav, Die Konjunktion, in GW 14II, § 414

Jung Carl Gustav, Die Psychologie der Übertragung, in: Gesammelte Werke (GW) 16, § 445. Walter, Olten

Jung Carl Gustav, Die transzendente Funktion, in GW 8 § 159

Jung Carl Gustav, GW 9/II § 257

Kast Verena (1986) Sisyphus. Der alte Stein – Der neue Weg, Kreuz, Zürich

Kast Verena (1984) Der Teufel mit den drei goldenen Haaren. Vom Vertrauen in das eigene Schicksal. Kreuz, Zürich

Kast Verena (1991) Freude, Inspiration, Hoffnung. Walter, Olten

Kast Verena (1994) Sich einlassen und loslassen. Neue Lebensmöglichkeiten bei Trauer und Trennung. Herder Spektrum, Freiburg

Kast Verena (1994) Vater-Töchter, Mutter-Söhne. Wege zur eigenen Identität aus Vater- und Mutterkomplexen. Kreuz, Stuttgart

Kast Verena (1996) Vom Sinn der Angst. Wie Ängste sich festsetzen und wie sie sich verwandeln lassen. Herder, Freiburg

Kast Verena (1998) Abschied von der Opferrolle. Herder, Freiburg

Kast Verena (1998) Vom gelingenden Leben. Märcheninterpretationen. Walter, Zürich

Kast Verena (1998) Vom Sinn des Ärgers. Kreuz, Stuttgart

Kast Verena (1999) Der Schatten in uns. Die subversive Lebenskraft. Walter, Zürich, Düsseldorf

Kast Verena (2000) Lebenskrisen werden Lebenschancen. Wendepunkte des Lebens aktiv gestalten. Herder/Spektrum

Kast Verena (2001) Vom Interesse und dem Sinn der Langeweile. Walter, Düsseldorf

Marcel Gabriel (1992) Werkauswahl (Hg. P.Grotzer) Band I, Hoffnung in einer zerbrochenen Welt? Schöningh, Paderborn

Riedel Ingrid (1999) Seelenruhe und Geistesgegenwart. Walter, Zürich, Düsseldorf

Sartre Jean Paul (1946) L'existentialisme est un humanisme. Paris (Gallimard)

Schnoor Heike (1988) Psychoanalyse der Hoffnung. Asanger, Heidelberg

Schwarzenau Paul (1984) Das göttliche Kind. Kreuz, Stuttgart

Anmerkungen

1. Kast Verena (1996, 2000) Vom Sinn der Angst. Wie Ängste sich festsetzen und sich verwandeln lassen. Herder, Freiburg.
2. Kast Verena, Vom Sinn der Angst, S. 139ff.
3. Kast Verena (1999) Der Schatten in uns. Die subversive Lebenskraft. Walter, Zürich, Düsseldorf.
4. Kast Verena (1998) Vom Sinn des Ärgers. Kreuz, Stuttgart.
5. Marcel Gabriel (1992) Hoffnung in einer zerbrochenen Welt. Ferdinand Schöningh, Paderborn.
6. Bollnow Otto Friedrich (1979) (1955) Neue Geborgenheit. Das Problem einer Überwindung des Existentialismus. Kohlhammer, Stuttgart, S. 24f.
7. Bloch Ernst (1959) Das Prinzip Hoffnung, Band I, Suhrkamp, Frankfurt/Main, S. 1ff.
8. Kast Verena (1991) Freude, Inspiration, Hoffnung. Walter, Olten, S. 157ff.
9. Damasio Antonio (2010) Selbst ist der Mensch. Körper, Geist und die Entstehung des menschlichen Bewusstseins. Siedler, München, S. 48.
10. Marcel Gabriel (1992) Werkauswahl (Hg. P. Grotzer) Band I, Hoffnung in einer zerbrochenen Welt? Schöningh, Paderborn.
11. Plügge Hans, in Bollnow S. 116.
12. Seligmann Martin (2001) Pessimisten küsst man nicht. Optimismus kann man lernen. Knaur, München, S. 430.
13. Ridley Matt (2010) The Rational Optimist – How Prosperity evolves. Harper Collins Publishers.
14. Rose Ausländer, Hoffnung IV (Das erinnerte Heim/…). Aus: dies., Und preise die kühlende Liebe der Luft. Gedichte 1983–1987. © S. Fischer Verlag GmbH, Frankfurt am Main 1988.
15. Brecht Bertolt (1971) Geschichten von Herrn Keuner. Suhrkamp, Frankfurt am Main, S. 76.
16. Sartre Jean Paul (1946) L'existentialisme est un humanisme. Paris (Gallimard).

17 Camus Albert (1959) Der Mythos des Sisyphos, Rowohlt, Hamburg
    S. 13.

18 Ebd.

19 Kast Verena (1986) Sisyphus. Der alte Stein – Der neue Weg,
    Kreuz, Zürich.

20 Bloch, Das Prinzip Hoffnung, a. a. O., S. 1.

21 Ebd.

22 Pennebaker JW und Stone LD (2003) Words of Wisdom: Language
    Use over the Life Span. Journal of Personality and Social Psycho-
    logy 85 (2), S. 291–302.

23 Kast Verena (2001) Vom Interesse und dem Sinn der Langeweile.
    Walter, Düsseldorf.

24 Fromm Erich (1968a) Die Revolution der Hoffnung. Für eine
    Humansisierung der Technik, Gesamtausgabe Bd. IV, dtv Mün-
    chen, S. 267, § 9.

25 Kast Verena (1996) Vom Sinn der Angst. Wie Ängste sich festsetzen
    und wie sie sich verwandeln lassen. Herder, Freiburg. Ebd. (1998)
    Vom Sinn des Ärgers. Kreuz, Stuttgart.

26 Kast Verena (1994) Sich einlassen und loslassen. Neue Lebensmög-
    lichkeiten bei Trauer und Trennung. Herder Spektrum, Freiburg.

27 Kast Verena (1991) Freude, Inspiration, Hoffnung. Walter, Olten.

28 Izard Carroll E (1981) Die Emotionen der Menschen, Beltz, Wein-
    heim und Basel.

29 Kast Verena (1998) Abschied von der Opferrolle. Herder, Freiburg.

30 Kast Verena (1999) Der Schatten in uns. Die subversive Lebens-
    kraft. Walter, Zürich, Düsseldorf, S. 64ff.

31 Bloch, Das Prinzip Hoffnung, a. a. O., S. 1.

32 Schwarzenau Paul (1984) Das göttliche Kind. Kreuz, Stuttgart.

33 Kast Verena (1984) Der Teufel mit den drei goldenen Haaren. Vom
    Vertrauen in das eigene Schicksal. Kreuz, Zürich.

34 Kast Verena (1994) Vater-Töchter, Mutter-Söhne. Wege zur eige-
    nen Identität aus Vater- und Mutterkomplexen. Kreuz, Stuttgart.

35 Jung Carl Gustav, Die Psychologie der Übertragung, in: Gesam-
    melte Werke (GW) 16, § 445. Walter, Olten.

36 Jung Carl Gustav, Die Psychologie der Übertragung, in GW 16,
    § 400.

37 Jung Carl Gustav, GW 9/II § 257.

38 Jung Carl Gustav, Die transzendente Funktion, in GW 8 § 159.

[39] Jung Carl Gustav, Die Konjunktion, in GW 14II, § 414.

[40] Jung Carl Gustav (1976) Zur Psychologie des Kindarchetypus, in GW9/1, § 267.

[41] Fromm Erich, Die Revolution der Hoffnung, S. 267 § 9.

[42] Ebd.

[43] Kast Verena, Freude, Inspiration, Hoffnung, a. a. O., S. 43ff.

[44] Kast Verena (1998) Vom gelingenden Leben. Märcheninterpretationen. Walter, Zürich.

[45] Bloch, Das Prinzip Hoffnung, a. a. O., S. 126.